A dificuldade de ser

JEAN COCTEAU A dificuldade de ser

1ª edição
3ª reimpressão

Prefácio de **François Nourissier**

Tradução de **Wellington Júnio Costa**

autêntica

Copyright © Éditions du Rocher, 1983, 2010
Copyright © Autêntica Editora, 2014

Título original: *La Difficulté d'être*

Todos os direitos reservados pela Autêntica Editora Ltda. Nenhuma parte desta publicação poderá ser reproduzida, seja por meios mecânicos, eletrônicos ou em cópia xerográfica, sem a autorização prévia da Editora.

EDITORA RESPONSÁVEL
Rejane Dias

EDITORA ASSISTENTE
Cecília Martins

REVISÃO DA TRADUÇÃO
Oséias Silas Ferraz

CAPA
Diogo Droschi
(sobre imagem de Philippe Halsman/ Magnum/Magnum Photos/ Latinstock)

DIAGRAMAÇÃO
Christiane Morais

Dados Internacionais de Catalogação na Publicação (CIP)
(Câmara Brasileira do Livro, SP, Brasil)

Cocteau, Jean, 1889-1963.
 A dificuldade de ser / Jean Cocteau ; prefácio de François Nourissier ; tradução de Wellington Júnio Costa. -- 1. ed. ; 3. reimp. -- Belo Horizonte : Autêntica, 2023.

 Título original: La Difficulté d'être.
 ISBN 978-85-8217-513-2

 1. Autores franceses 2. Cocteau, Jean, 1889-1963 – Biografia 3. Escritos autobiográficos 4. Literatura francesa I. Nourissier, François. II. Título.

14-10779   CDD-848

Índice para catálogo sistemático:
1. Escritores franceses   848

Belo Horizonte
Rua Carlos Turner, 420
Silveira . 31140-520
Belo Horizonte . MG
Tel.: (55 31) 3465 4500

São Paulo
Av. Paulista, 2.073 . Conjunto Nacional,
Horsa I . Sala 309 . Bela Vista
01311-940 . São Paulo . SP
Tel.: (55 11) 3034 4468

www.grupoautentica.com.br
SAC: atendimentoleitor@grupoautentica.com.br

Apresentação 7
Wellington Júnio Costa

Prefácio 9
François Nourissier

Introdução 17

Da conversa 19
Da minha infância 23
Do meu estilo 27
Do trabalho e da lenda 31
De Raymond Radiguet 37
Do meu físico 41
Das minhas evasões 45
Da França 53
Do teatro 55
De Diaghilev e de Nijinsky 63
Do maravilhoso no cinematógrafo 67
Da amizade 73
Do sonho 77
Da leitura 81
Da medida 85
Das casas assombradas 91

Da dor 99
Da morte 109
Da frivolidade 113
Do Palais-Royal 119
Do governo da alma 125
De Guillaume Apollinaire 131
Do riso 141
De ser sem ser 147
Das palavras 151
Da juventude 157
Da beleza 165
Dos costumes 173
Da linha 177
De um mimodrama 183
Da responsabilidade 193

Posfácio 201

Nota 203

Nota do editor francês 205

Apresentação

Wellington Júnio Costa

Artista completo, Jean Cocteau ainda é pouco conhecido no Brasil, embora seja cada vez mais difícil falar das vanguardas europeias do século XX sem citá-lo. A sua influência se faz presente, principalmente, na obra de cineastas como Jean-Luc Godard, Woody Allen, Pedro Almodóvar, Leos Carax e Xavier Dolan, entre outros, mas não se limita à sua própria produção cinematográfica, isto é, esses cineastas nossos contemporâneos citam o Cocteau poeta, dramaturgo, cineasta, desenhista e também o personagem Cocteau, que transitou em meios diversos, causou polêmicas, viveu naturalmente os seus amores não convencionais, fez a ponte entre mecenas e artistas e realizou, ainda na primeira metade do seu século, o desejo da grande maioria dos artistas de hoje: ser multimídia, transdisciplinar e falar de si como uma metonímia do mundo.

As fronteiras tiveram de ser distanciadas ao máximo, ou até mesmo apagadas completamente, para dar espaço à sua obra. Nenhum gênero puro poderia contê-la. Na sua maturidade, Cocteau nos presenteou com uma obra especialíssima, porque, ao mesmo tempo, singular e síntese de todo o seu universo: *A dificuldade de ser*.

Uma obra-prima do autorretrato literário para uns, belíssimo ensaio autobiográfico para outros, é certo que Montaigne serviu-lhe de modelo, mas, em momento algum, encobriu-lhe a linha. Uma linha que liga magistralmente a tradição e a vanguarda, que borda no coloquial algumas palavras raras, que costura entre frases curtas e claras outras enigmáticas e de sintaxe complexa. Uma linha absolutamente elegante que traça o perfil da perfeita união entre o factual e o ficcional, entre a vida e a obra.

Cocteau se mostra inteiro neste livro, ele se torna o livro para alcançar e penetrar o leitor, para se perpetuar, para permanecer conosco – desejo expresso na sua lápide. Então, chega a hora do leitor brasileiro fazer esse pacto com o autor e penetrar o seu corpo, encontrar os micróbios que o habitam, mas também a sua alma, com todos os seus fantasmas. O que o leitor pode ganhar com isso? Ele se verá projetado, inversamente, no tempo e no espaço e participará dos encontros de artistas que mudaram o mundo. Que ele aproveite cada nome como uma chave de um universo particular e que ele se arrisque, como aconselha Cocteau, a SER até o fim.

Prefácio

François Nourissier
da Academia Goncourt

A dificuldade de ser é um desses livros que se negocia entre leitores entusiastas e leitores reticentes de uma obra controversa? Uma vitória para uns, uma concessão para outros. Você escuta daqui o diálogo! Um senhor acaba por dizer: "Bem, eu vou dar a minha contribuição! Eu lhe concedo este livro, sim, este que você tanto estima. Aliás, entre nós, não muito ao estilo de Cocteau... Tão pouco besouro, esse seu autor, tão pouco libélula...". Assim ele via – e eu também – esse "Jean" que conheci tão pouco: magrelo e estridente como um inseto; a sedução pela mobilidade e pela dessecação.

A dificuldade de ser é um livro singular, um livro da margem, do exílio ou do medo do exílio. Tão pouco *Santo-Sospir*, tão pouco Fregoli. É preciso admitir: Cocteau possuía, velado, um pedacinho de céu cinza. O quê, esse malabarista, esse pavão? Talvez você prefira vê-lo como Michel Tournier viu, no seu mais célebre romance, o marechal Goering: com as mãos na taça transbordante de pedras preciosas, duras, multicores, bolsa do ladrão ou butim dos corsários?... As mãos! Cocteau tinha orgulho das suas e havia lançado uma moda para melhor exibi-las. Lembre-se disso. Era preciso, a fim de revelar a magreza elegante dos punhos, libertá-los da camisa e do paletó. Essa última delicadeza – cinco botões *de verdade* e abotoadeiras nos punhos das mangas – não era praticada pelos ateliês de confecção "deslocalizados"; ela revelava o bom artífice. Cocteau não tinha culpa: ele tinha nascido chique e permanecia chique, até mesmo quando flertava com o escândalo, com os boxeadores e com os belos marinheiros. Ah, sim, as mãos: tendinosas, vibrantes, exibidas... Mãos de prestidigitador, de asceta, de drogado. Eu o imagino, o Cocteau do inverno de 1946-1947, magro, teatralmente exausto, repousando, na Saboia, das fatigas de uma filmagem que ele teve de levar a cabo, mesmo doente. É nesse momento que ele escreve essa *Dificuldade de ser*. Solidão real ou ostentatória? Em todo caso, entre o Cocteau exaurido pelo excesso de trabalho e Morzine, esse modesto telhado do mundo – da montanha com trenós –, há a espera de um homem que *recarrega suas energias*. Que não suporta a sua dor.

★

E ainda, este título, tão bonito! Nós o sabemos emprestado das últimas palavras de Fontenelle, com aproximadamente cem anos e deslizando em direção à morte: "– O que o senhor está sentindo, Senhor Fontenelle? – Certa dificuldade de ser...". Não encontro na edição aberta ao meu lado (éditions du Rocher, coleção "Alphée", 1991) nenhuma referência a essa vertiginosa "última palavra". Tenho a impressão de tê-la visto na primeira edição, ou era somente na tira de papel que envolvia o volume? Hoje eu me pergunto se a homenagem feita – tão discretamente – a Fontenelle não era endereçada mais ao filósofo do que ao agonizante que nos parece ter "preparado" bem demais a sua palavra final. Depois de tudo, o filósofo Fontenelle, tão seco, de pensamento tão enxuto, inimigo ferrenho dos adornos do pensamento e das brumas metafísicas, teve o seu lugar na esfera de influências de Cocteau e determinou os seus contornos.

Por prazer, escrevo aqui os mais belos títulos de Cocteau: *O segredo profissional, Ópio, Retratos-recordação, A voz humana, O sangue de um poeta, Cantochão*. Seleção subjetiva? Com certeza, o seu único interesse está aí. Com o passar dos anos, meu prazer em falar somente dos textos de que gosto – de que gosto verdadeiramente – se junta aos outros critérios de escolha ou de exclusão. Aproxima-se o dia em que eu não poderei mais comentar outros livros, além daqueles que eu gostaria de ter roubado. Quero dizer: roubar o seu título. E não afanar o volume de uma estante ou de um desses recantos das seções para onde correm os leitores sem dinheiro. Lembro-me do dia em que eu estabeleci pela primeira vez a lista dos meus títulos preferidos: 11 de outubro de 1963. O fim de tarde se preparava para deslizar nas brumas do outono; passávamos através das vinhas que contornam o castelo de Clos-Vougeot, onde assistíamos ao Capítulo das Vindimas. Arnold de Contades tinha vindo em um lindo cupê italiano cujo volante ele me havia passado. O rádio do carro nos jogava na cara a dupla notícia do dia: as mortes, com algumas horas de intervalo, de Edith Piaf e de Cocteau. Paramos na saída de um caminho pedregoso: o silêncio foi impressionante. Depois, as anedotas apontaram o nariz no crepúsculo que estava caindo, como faz uma toupeira enganada pela inclinação do terreno e que surge ao ar livre em um pequeno amontoado de terra e relva. Acredito ouvir novamente a minha voz: "Eles virão com o lance do *touche-à-tout*,[1] eu disse, do Poeta universal. Ah, que chatice!". Elogiaram o dom da ubiquidade de Cocteau, sua curiosidade insaciável: ele não havia experimentado todos os meios de expressão? Que seja, mas em quais deles se destacava? Essa era a questão.

Touche-à-tout: não adianta dizer o contrário, o cartão de visita não é dos melhores. Talvez apenas Voltaire, nas nossas Letras, não tenha sido afetado por isso. "Não se prende Voltaire!" teria dito (dando de ombros, eu imagino) o general De Gaulle a funcionários do Ministério da Praça Beauvau tomados pelo zelo. Tratava-se de impedir que Sartre fosse detido, empoleirado em um barril de gasolina vazio, na esquina de dois passeios. *Touche-à-tout*: Cocteau devia gostar dessa palavra, ao mesmo tempo dúctil e tinhosa (pois ele estava perpetuamente em estado de guerra contra os seus detratores em todos os gêneros). E com que hostilidades o tratavam? Negavam-lhe o direito de atrelar cinco ou seis grandes cavalos loucos e de conduzir sua diligência a galope: poeta, dramaturgo, sim. Coreógrafo, pintor de afrescos, decorador, figurinista? Sim, sim, é claro, mas não podemos retomar o fôlego? 1917 não o foi o ano dos motins, dos regimentos dizimados, nem da Revolução de Outubro, mas o ano do escandaloso triunfo de *Parade*. A exemplo dos achados de vestuário de Étienne de Beaumont, o uniforme dos motoristas de ambulância-homens-do-mundo do exército francês era um verdadeiro êxito do esforço para dar

---

[1] Artista de múltiplos talentos, que se dispersa e não aprofunda em nada. (N.T., grifo nosso.)

um estilo à guerra. O próprio Cocteau sentia a carcaça vibrar, o maquinário embalar. A doença e a morte de Radiguet o empurraram para a droga e, provavelmente, o tiraram dela. Já era tempo de ele conquistar, de uma só vez, o seu classicismo e a sua modernidade. Trágico à moda antiga e inventor de fantasmas para o cinematógrafo, a imagem de Cocteau se define, o lápis se aponta. A singularidade de *A dificuldade de ser*: esse livro é uma pausa. Muito frequentemente faminto por velocidade, eis Cocteau imóvel. Ele está doente; a filmagem de *A Bela e a Fera* o extenuou. Acostumado a viver no seu próprio barulho, Cocteau experimenta o seu silêncio. A voz surda e, às vezes, seca do relato vem daí: o autor não escuta a sua fala – ao menos uma vez! – mas ouve o seu silêncio, ele ouve o não-barulho que faz um caçador à espreita. Desta vez, não se trata de matar a caça, mas de lhe dar/devolver a vida. De lhe devolver certa *facilidade de ser*. Mas a facilidade é interessante?... Ao menos, tem-se a impressão, ao se ler esta confidência, de que Cocteau não se entrega, aqui, em um discreto combate solitário – uma "ação programada" – mas de que ele deixa afrontarem-se dentro dele as grandes forças empenhadas em torno dessa batalha indecisa. Estamos, mesmo, tão longe "da pluralidade dos mundos" de Fontenelle?

★

Um prefácio? Mas como! Dois terços já estão redigidos. Considere como feito. E para este livro? Eis o que decuplica o meu prazer! O meu preferido, é claro. Por quê? "Não é óbvio"? Reflita um instante! *A dificuldade de ser* pode, indiscutivelmente, ser considerada como "a mais autobiográfica" de todas as obras de Cocteau.

Feita para me agradar... O quê? Você zomba da fórmula? Você descobrirá, neste livro, uma estátua "meio equestre". Você sabe muito bem, entretanto, que um texto de confissão, de confidência, de memória, pode ser mais ou menos equestre – perdão: autobiográfico. Este aqui está mais para mais do que para menos. O escritor não faz pose, ou ao menos faz uma pose de quem não está posando. Pode-se esquecer, ao se ler este livro, da eterna defesa articulada por Cocteau e dirigida aos membros da conspiração montada contra ele. Há Cocteau, Jean, adorável e selvagem, inocente como a infância, como a infância marcada com o timbre dos sonhos e da morte, e, em frente, há essa propagação de lixo, a má fé, os risinhos de escárnio, esse charivari desde que ele, Jean, aparece, com esses cães avançando nos seus calcanhares... Ele se sentiu, alguma vez, odiado, ele que queria tanto ser amado? Como ele era imprudente! Eu me lembro dele, recitando em uma quarta-feira (no teatro, à noite) a anedota anotada no domingo, polida e retrabalhada na segunda-feira, maravilhosamente interpretada na terça e ensaiada, imprudentemente, naquela noite de quarta-feira, enquanto ele esperava os três toques para entrar em cena. Ah, que bela história! Escorregadia, dourada, feroz – mas, de repente, o olho móvel, o olho à espreita descobria, lá, na fileira de trás, aquele mudo muito atento, aquele mudo de costas, um perfil perdido – perdido? Não para todo mundo, que o acaso havia colocado em um lugar perfeito demais, três dias seguidos – "eu o coloco aqui, você desfrutará de Jean..." –, e que manifestava sua reprovação com toda a sua imobilidade, nuca dura, beiço congelado, boca cortante, nariz esculpido em sílex. E Cocteau, furioso, desmascarado, o rosto como um cartaz que o vento arranca de repente, virava as costas ao seu próprio teatro, se ausentava, se desfazia, autor que teme o fracasso, os tomates, os risinhos de escárnio. Eu o tinha achado perturbador, o velho ator. Eu me havia lembrado da minha primeira leitura de *A dificuldade de ser*, dez anos antes, e como ela me havia emocionado.

Emocionado? No início, eu estava relutante. Tinha caído na seguinte frase: "Uma surpresa ainda pior me esperava". (Alguns amigos levaram Cocteau à Maisons-Laffitte, onde ele reencontra, irreconhecível, a casa da sua infância.) "Haviam loteado a chácara. No seu lugar, pequenas casas de operários se precipitavam, elas me pareciam incontáveis." Um pouco adiante, nosso grande nostálgico margeia "a cerca do parque onde Max Lebaudy (o Pequeno Açucareiro) 'lavava seus carros com champanhe'. Eis o que adoça o passado!". Esse Hispano lustrado com Mumm, esses casebres de "operários": o suficiente para irritar os meus vinte anos. No pós-guerra, eu era um puristinha. Resumindo, eu tinha começado o livro meio de lado, me forçando. Mas, depois, a mágica se fez.

Mágica? É uma boa palavra para Cocteau? Há, certamente, uma magia, mas um pouco seca, cuidada, como era a voz: preciosa, nasalada, sem idade, o que não quer necessariamente dizer "jovem".

Cocteau era orgulhoso, me parece, de certa disposição à pobreza: acontece-lhe, aqui, de constatar que o seu vocabulário é curto, que ele não consegue escapar, sempre cai nas mesmas velhas palavras familiares. Faça como eu, leia alguns capítulos deste livro procurando a economia, a raridade, a falta voluntária de brilho: não era um paradoxo, nem um arrependimento bem disfarçado: a carapaça do besouro não brilhava tanto. No fundo, a espiral não o interessava. Ele estava sentindo que a sua última saudação não estaria na adição, nem na multiplicação, mas na subtração. Ele se sentia, provavelmente, contador de "todas as doações" que ele havia recebido, do ouro enterrado nos bolsos furados... Senhor Proezas, Senhor Escândalo... Quando ele conseguiu por si mesmo ser breve, ser seco e vivo, as vezes que ele conseguiu moderar para escutar essa onda imprevisível, calma, tempestuosa, imóvel, brutal correr dentro de si – essa onda na qual não se navega –, ele teve, provavelmente, a sensação de se aproximar do coração e do fundo desse desconhecido flamejante que ele havia sido. Ora! *Diário de um desconhecido*: eis outro título. Cocteau pula de um galho ao outro – ele admitia – mas sempre na mesma árvore. O que me agrada em *A dificuldade de ser* é que se tenha refugiado aí o Cocteau mais enigmático, que aí repouse o mais agitado, que aí se olhe no espelho o homem que, antes, tinha coberto todos os espelhos. Nenhuma carta está lançada quando se parte à procura de si mesmo.

Introdução

Eu me recrimino por ter dito coisas demais, das que se dizem, e não o suficiente das coisas que não se dizem e que nos voltam à memória tão protegidas, que não se sabe mais se era um trem, e qual, que transportava as bicicletas no vagão bagageiro, mas por que, meu Deus, já que a praça (e eu penso na de Saint-Rémy-sur-Deule ou na de Cadet-Rousselle ou em outra praça de ardósia suja) ficava em uma ladeira e terminava naquela casa maldita – nem tanto – onde almoçamos, culpados de quê e com quem? Eu me pergunto. É o suficiente para que eu me lembre disso e também da praça íngreme sob o sol, mas não o bastante para que eu saiba a data, o nome, o distrito, as pessoas, os detalhes. Tudo isso coloca essa praça, verdadeira esplanada de insolação, em um equilíbrio tão instável, que me dá um aperto no coração de saber que ela ainda existe no espaço com aquela casa baixa e aquelas pessoas embaixo.

E de outras coisas que não se devem dizer. Por exemplo, uma quermesse na qual eu me perdi, do outro lado do Sena (em Sartrouville talvez), perto de um *bateau-lavoir*,[2] no qual estava escrito: *Madame Levaneur*. Ali, fumavam-se

---

[2] Nome dado aos barcos-lavadouros, mas também a uma famosa residência de artistas em Montmartre (Paris), no início do século XX. (N.T., grifo nosso.)

charutos de cacau e esses charutos não estão mais ligados a nada que seja bem comportado e humano, como a Academia Francesa ou os Correios e Telégrafos.

E também de um xale sobre a minha cabeça e do imenso frescor da geleira e do nome Interlaken e da flor Edelweiss e do funicular com rodas de engrenagem que começa embaixo, com cerveja gelada, um perfeito estilhaço de bomba nas têmporas, e termina, no alto, em uma construção de vidro, em ciclamens, borboletas amarelas e pastores que as colocam no clorofórmio e as crucificam na cortiça.

Outra coisa. Mas isso, eu não sei mais em qual vida, certamente não no sonho. (As coisas do sonho, sabemos ao menos onde elas se encontram: no sonho). Um jovem limpador de chaminés com cartola, em um velocípede e com uma elegância de acrobata excêntrico extraordinária, capaz de subir na escada que ele carregava atravessada nas costas como um instrumento de música. Era perto de uma serraria barulhenta. E de outras, outras e outras coisas. Do vazio, das ondas de vazio e dos destroços de emoções fulgurantes que, na espuma das ondas, se aproximam e depois voltam para o alto mar.

É isso. É isso que me impressiona na calmaria desta cidadezinha, desta casa que me ama, onde moro sozinho, neste mês de março de 1947, depois de uma longa, longa espera.

Eu choraria. Não por causa da casa, nem por ter esperado. Por ter dito coisas demais, das que se dizem, e não o suficiente das que não se dizem.

No final das contas, para tudo se dá um jeito, menos para a dificuldade de ser, que nunca se ajeita.

Milly, março de 1947.

Da conversa

Eu já passei dos cinquenta anos. Isso quer dizer que a morte não deve percorrer longo caminho para me encontrar. A comédia está bem avançada e restam-me poucas falas. Se eu olho à minha volta (no que me concerne), descubro somente lendas que sustentariam uma colher na vertical. Evito colocar o pé nisso para não ficar preso nessa matéria viscosa. Com exceção do prefácio[3] de Roger Lannes para os *Poemas escolhidos*, editados por Seghers, não vejo nada que me reflita (quero dizer, que desvende a minha figura). Nem no elogio, nem na reprovação, não encontro a mínima tentativa de desenredar o verdadeiro do falso.

É verdade que para o silêncio dos que poderiam desembaraçar o meu novelo eu encontro desculpas. Sempre tive os cabelos plantados em várias direções e os dentes e os pelos da barba. Ora, os nervos e toda a alma devem ser assim também. É o que me torna insolúvel para as pessoas que têm tudo arrumado em um único sentido e

---

[3] Trata-se de um texto sobre Jean Cocteau, escrito por Roger Lannes, para a coleção *Poètes d'aujourd'hui*, editada por Pierre Seghers em 1945. (N.T.)

não podem conceber um redemoinho. É o que desconcerta aqueles que poderiam me livrar dessa lepra mitológica. Eles não sabem por qual lado me pegar.

Essa desordem orgânica é, para mim, uma salvaguarda, porque de mim, ela afasta os desatentos. Também tiro disso alguma vantagem. Ela me dá diversidade, contraste, rapidez para inclinar-me para um lado ou para o outro, de acordo com a solicitação de tal ou tal objeto, e para aprumar-me depois.

Sem dúvida, ela torna meu dogma obscuro, minha causa difícil de defender. Mas, já que ninguém me ajuda, eu me lançarei sozinho e me esforçarei para me acompanhar de perto.

Há cinco meses, eu rodei meu filme *A Bela e a Fera* em condições de saúde deploráveis. Depois de uma insolação no balneário de Arcachon, eu não parei de lutar contra os micróbios e os estragos que eles provocam no organismo.

Escrevo estas linhas do alto de uma montanha de neve, cercada de outras, sob um céu fechado. A medicina pretende que os micróbios cedam à altitude. Parece-me o contrário, que eles a apreciam e se fortalecem com ela, ao mesmo tempo que eu.

O sofrimento é um hábito. Já estou acostumado. Durante o filme falava-se da minha coragem. Eu diria antes uma preguiça de me tratar. Com uma força passiva, eu me deixava afundar o mais pesadamente possível no trabalho.

Esse trabalho me distraía da dor e, já que ficou provado que o tratamento na neve continua ineficaz, eu encontrei mais benefício em obstinar-me nas minhas tarefas do que em me exilar em uma solidão entediante. Aqui mesmo, onde eu deveria frear a mente e viver introvertido, não paro de conversar com você.

Com quem mais eu conversaria? Esses hotéis são o receptáculo de uma sociedade nova e aproveitadora que imita o luxo que ela viu nos filmes e nos jornais. O resultado é esta barafunda de crianças que galopam entre as mesas e cujas famílias não sabem que existem outras bem educadas. Diante das portas, as senhoras nos cedem passagem. Aí, se reconhece o hábito de acompanhar a clientela em pequeninas butiques. Esses senhores e senhoras circulam sob o aspecto medieval dos uniformes esportivos. Eles calçam o esqui, sobem as encostas e quebram as pernas gloriosamente. Eu me protejo o melhor possível, caminho na neve, me fecho no meu quarto e me vingo sobre esta página por não poder me entregar ao único esporte que me agrada, que em 1580[4] chamavam de conferência, e que é a conversa.

Eis que o sol se mostra e colore o nosso lindo mundo. De longe, pela minha janela, esse mundo me oferece o espetáculo das cavalarias, no meio das auriflamas, das lanças, dos escudetes, das fanfarras, das tribunas de uma falsa cavalhada. Os cumes se mancham de sombras e de uma neve mais brilhante que o escarlate. Mas eu converso assim mesmo, pois o meu gozo não se dá se eu não puder compartilhar com alguém. Em Morzine, eu não posso dialogar com ninguém. Essas pessoas custam a fazer o uso da palavra. Elas utilizam a boca apenas para comer. Muitas delas vão embora, chamadas pelo comércio que as enriquece.

---

[4] Ano de publicação dos *Ensaios* de Michel de Montaigne. (N.T.)

Da minha infância

Eu nasci em 5 de julho de 1889, à Praça Sully, em Maisons-Laffitte (Seine-et-Oise).

Maisons-Laffitte parece um parque de treinadores semeado de mansões, jardins, avenidas de tílias, gramados, platibandas, fontes nas praças. Lá, o cavalo de corrida e a bicicleta se distinguiam como mestres. As pessoas jogavam tênis nas casas umas das outras, em um mundo burguês que o caso Dreyfus dividia. O Sena, a pista de treinamento, o muro da floresta de Saint-Germain, onde se penetrava através de uma pequena porta, os cantos abandonados onde brincar de detetive, o campo mais abaixo, as *guinguettes*[5] com caramanchão, a feira do vilarejo, os fogos de artifício, as proezas dos bombeiros, o castelo de Mansard, suas ervas daninhas e seus bustos de imperadores romanos, tudo compunha, para a infância, um universo perfeito para afagar a ilusão que ela tem de viver em lugares únicos no mundo.

---

[5] *Guinguettes* são um tipo de bar popular situado, geralmente, nas periferias de um grande centro urbano e onde se organizam festas dançantes ao ar livre. (N.T., grifo nosso.)

No ano passado, eu tive a tristeza de ser levado por amigos até a Praça Sully, cheia destas espigas verde-pálido que se alastram pelas estacas e de cravos selvagens. Eu me deleitava com a oportunidade de lhes mostrar a minha casa e, talvez, o que é bem difícil, de compartilhar com eles o sonho evocado por ela. Minha primeira sensação foi a de estar perdido no espaço, como acontece quando nos vendam os olhos e nos levam para um lado, enquanto acreditamos seguir para o outro. Estavam ali o meu gradil branco, a minha cerca ramada, minhas árvores, meu gramado, minha casa natal e a vidraça da sala de bilhar? Uma pista de areia substituía a grama, o tanque, as platibandas. Uma grande construção cinza, ladeada por um celeiro ocupava o lugar da nossa casa. Palafreneiros iam e vinham e nos olhavam, desconfiados. Em mim, que segurava as barras da grade repintada, *como um prisioneiro do lado de fora*, se produzia um mal-estar doloroso, que nada mais era do que as lembranças expulsas a golpe de forcado, incapazes de reencontrar seus hábitos e o nicho onde eu acreditava que elas estariam adormecidas a me esperar. Eu me virei. Do outro lado da praça, eu teria, talvez, um refúgio? Nós a atravessávamos sob o sol, para chegar à chácara do André (meu tio). O portão de ferro gemia e revelava, à direita, o aveludado dos heliotrópios. Logo depois era o Éden. A horta das descobertas. Pois, é na sombra dos maciços de lilases, dos pés de groselha e das cabanas, que a infância procura compreender os segredos do universo dos adultos.

Uma surpresa ainda pior me esperava. Haviam loteado a chácara. No seu lugar, pequenas casas de operários se precipitavam, elas me pareciam incontáveis. As uvas nos sacos, a febre dos pêssegos, as groselhas felpudas que estouram na boca, o perfume dos gerânios na estufa, as pedras do galinheiro, as ameixas Rainha-Cláudia que racham a cabeça e sangram ouro, as rãs do tanque, mortas em poses de ópera, com a mão no coração, todos esses prestígios tornaram-se, naquele instante, um espectro de um assassinado que clama por justiça.

Nós visitamos avenidas menos destruídas do que a minha praça. Jardins e casas se conservam, a tal ponto que eu poderia ter desenterrado algum objeto escondido quarenta anos antes, quando brincávamos de tesouro. Margeamos a cerca do parque onde Max Lebaudy (o Pequeno Açucareiro) organizava corridas e lavava seus carros com champanhe.

Pode-se adivinhar como espetáculos como esse podiam agitar a alma cruel e aventurosa das crianças. Em 1904, nós rodávamos em volta dessa cerca e tentávamos escalá-la, em pé sobre os acentos das nossas bicicletas.

Já disse o bastante. Enternecer-se confunde a alma. Não se fala mais desse tipo de lembrança do que de episódios de um sonho. É bom recordar que cada um de nós abriga lembranças análogas e não as impomos uns aos outros.

Se eu demorei demais nas minhas lamúrias, é porque a minha memória, não tendo mais lugar, devia carregar sua bagagem. Mas, fechei logo as minhas malas e não falarei mais disso.

Do meu estilo

Eu não sou alegre, nem triste. Mas posso ser tanto uma coisa como outra e com excesso. Na conversa, se a alma circula, acontece de eu me esquecer das tristezas que abandono, de uma dor que eu sofro, de me esquecer de mim mesmo, de tanto que as palavras me inebriam e estimulam as ideias. Elas me vêm mais facilmente que na solidão e, frequentemente, um artigo a ser escrito é, para mim, um suplício, mas posso falá-lo sem esforço. Essa embriaguez da palavra dá a entender que eu possuo uma facilidade que não tenho, pois tão logo eu me controlo, essa facilidade dá lugar a um trabalho penoso, cuja borda me parece íngreme e interminável. Acrescenta-se a isso um medo supersticioso do início, um medo constante de começar mal alguma coisa. Isso me dá preguiça e lembra o que os psiquiatras chamam de "angústia do ato". O papel branco, a tinta, a pena me aterrorizam. Eu sei que eles se unem contra a minha vontade de escrever. Se eu consigo vencê-los, então, a máquina se aquece, o trabalho me ocupa e o espírito segue. Mas é importante que eu interfira o menos possível, que eu esteja meio adormecido. A mínima consciência desse mecanismo o interrompe. E se eu quero fazê-lo funcionar de novo, é preciso esperar que ele se decida sozinho, sem tentar convencê-lo por meio de alguma armadilha. É por isso que não uso mesas que me intimidam e que têm um ar de convite. Escrevo a qualquer hora, sobre os meus joelhos. Para os desenhos, é a mesma coisa. É claro que eu sei imitar a linha, mas não é ela, a verdadeira linha sai de mim quando ela quer.

Meus sonhos são, quase sempre, cargas tão profundas e tão apuradas dos meus atos que eles poderiam me servir de lição. Mas, infelizmente, eles são a caricatura do próprio organismo da alma e mais me desmotivam do que me dão forças para me combater. Pois ninguém conhece melhor suas fraquezas e quando me acontece de ler algum artigo contra a minha pessoa, eu penso que eu bateria mais forte, enfiando o ferro até o cabo, não me deixando alternativa além de dobrar as pernas, colocar a língua para fora e me ajoelhar na arena.

Não se pode confundir a inteligência, a habilidade para enganar o seu homem, com o órgão cuja base não se encontra em lugar nenhum e que nos informa, sem apelo, sobre os nossos limites. Nada que possa escalá-los. O esforço seria percebido e ressaltaria muito mais o pequeno espaço disponível para os nossos giros. É por meio dessa faculdade de nos movermos nesse espaço que o talento é provado. Nossos progressos só podem vir daí e esses progressos serão apenas de ordem moral, já que nenhuma das nossas empreitadas é inesperada. Podemos contar somente com a retidão. Toda trapaça leva a outra. É melhor um deslize. O público anônimo assobia, mas nos perdoa. As trapaças agem com o tempo, o público se desvia com o olhar morto de uma mulher que amava e que não ama mais.

É por isso que eu me empenhei em não perder as minhas forças na escola. Eu deixo passar mil erros que não corrijo direito, preguiçoso que sou de me reler e relendo apenas a ideia. Se o que há para dizer é dito, pouco importa. Nem por isso deixo de ter meu método. Ele consiste em ser rápido, rígido, econômico nos vocábulos, em transformar versos em prosa, em mirar longamente sem estilo de tiro e em acertar na mosca, custe o que custar.

Ao me reler, com distanciamento, tenho vergonha somente dos ornamentos. Eles nos prejudicam, pois nos distraem de nós mesmos. O público gosta, fica cego com eles e negligencia o resto. Eu ouvi Charles Chaplin se queixar por ter deixado no seu filme *A Corrida do Ouro* a dança dos pãezinhos, que faz a alegria de cada espectador. Ele só via nessa cena uma mancha que atrai o olho. Eu também o ouvi dizer (a respeito do estilo ornamental) que depois de um filme ele "sacudia a árvore". É preciso, acrescentava ele, conservar apenas o que fica agarrado aos galhos.

Frequentemente, o decorativo não é voluntário. Ele resulta de um equilíbrio. O público vê esse equilíbrio como um charme superficial e com ele se contenta de pouco degustar a base. É o caso de Picasso. Esse artista completo é composto de um homem e de uma mulher. Ele é um palco de terríveis brigas de casal. Nunca houve tanta louça quebrada. No fim das contas, o homem tem sempre razão e bate a porta. Mas da mulher, fica uma elegância, uma suavidade de entranhas, um tipo de luxo, que desculpam aqueles que temem a força e não podem seguir o homem fora de casa.

Do trabalho e da lenda

Ter dom é perder-se, se não se vê claramente, a tempo de endireitar as rampas e de não descê-las todas.
Vencer um dom deve ser o projeto de quem o constata em si. E esse projeto é delicado se, por azar, o dom é percebido um pouco tarde. Eu passei a minha vida, e ainda passo, a contrariar uma fortuna infeliz. Como ela me pregou peças!
E como é complexo se ver claramente, já que os dons se casam com a primeira forma que eles encontram e essa forma pode ser a boa. A minha não era a boa. A minha salvaguarda foi equivocar-me tão completamente que eu não podia conservar a menor dúvida.
Minha família não me ajudou em nada. Ela estimava o sucesso. Era diletante e *touche-à-tout*.
Durante a Grande Guerra (que ele chamava de grandes férias), Raymond Radiguet lia, nas águas do rio Marne, no Parque Saint-Maur, os volumes da biblioteca do seu pai. Eram os nossos livros. Nós fomos, então, os seus clássicos. Nós o assolávamos, como se deve, e, aos quatorze anos de idade, ele sonhava em nos contradizer. Quando eu o conheci, na casa de Max Jacob, ele me tirou de uma armadilha: era o risco de me encontrar

um dia Deus sabe onde, de tanto fugir às pressas. Com a sua calma ele me acalmou. Ele me ensinou o grande método. O de esquecer que se é poeta e de deixar o fenômeno acontecer sem tomar conhecimento dele. Mas a sua máquina era nova. A minha se enferrujava e fazia barulho.

Raymond Radiguet tinha, então, quinze anos. Erik Satie tinha quase sessenta. Esses dois extremos me ensinaram a acender a minha luz. A única glória que posso ostentar é a de ter-me curvado ao ensinamento deles. Erik Satie era um homem inenarrável. Quero dizer que não se pode descrevê-lo. Honfleur e a Escócia foram suas origens paternas e maternas. De Honfleur, ele mantinha o estilo das histórias de Alphonse Allais, histórias nas quais a poesia se esconde e que não se parecem a nenhuma das anedotas estúpidas em circulação.

Da Escócia ele mantinha uma excentricidade solene.

No físico, era um funcionário público de cavanhaque, óculos, guarda-chuva e chapéu-coco.

Egoísta, cruel, meticuloso, ele não escutava nada que não decorresse do seu dogma e ficava com uma raiva terrível do que o atrapalhasse. Egoísta, porque ele só pensava na sua música. Cruel, porque ele defendia a sua música. Meticuloso, porque ele aperfeiçoava a sua música. E a sua música era delicada. Ele também o era, à sua maneira.

Durante muitos anos, Erik Satie veio, de manhã, ao número 10 da Rua d'Anjou, se assentar no meu quarto. Ele conservava o seu casaco (no qual não tolerava a mínima mancha), as suas luvas, o seu chapéu, inclinado até os óculos e, na mão, o seu guarda-chuva. Com a mão livre, encobria a sua boca, sinuosa quando ele falava ou ria.

Ele vinha de Arcueil a pé. Ele morava lá, em um pequeno quarto, onde, após a sua morte, sob uma montanha de poeira, encontraram todas as cartas dos seus amigos. Não tinha aberto nenhuma.

Ele se limpava com uma pedra-pomes. Nunca usava água.

Na época em que a música se propagava em eflúvios, reconhecendo o gênio de Debussy e temendo o seu despotismo (eles se apoiaram e brigaram até o fim), Satie virou as costas para a sua escola e tornou-se, na *Schola Cantorum*, o estranho Sócrates que nós conhecemos.

Ali, ele poliu, dobrou, limou e forjou o pequeno orifício por onde sua admirável força não tinha mais nada o que fazer além de escorrer da fonte.

Uma vez livre, ele zombava de si mesmo, irritava Ravel e, por pudor, dava às belas músicas tocadas por Ricardo Viñes títulos estrambóticos, para despistar imediatamente uma massa de espíritos medíocres.

Eis o homem! É claro que teria sido mais agradável rolarmos nas ondas de Wagner e de Debussy. Mas, precisávamos de um regime, por mais obscuro que ele lhe pareça. Cada época rejeita encantos. Já em *Le Coq et l'Arlequin*, eu apontava os da *Sagração da primavera*. E na rejeição de si mesmo, Stravinsky devia ultrapassar todos nós.

Erik Satie foi o meu mestre. Radiguet, o meu examinador. O contato com eles me mostrou os meus erros, sem que eles me precisassem dizer, e se eu não podia corrigir-me, ao menos estava consciente deles.

Formar-se não é fácil. Reformar-se, ainda menos. Até *Les Mariés de la tour Eiffel*, primeira obra da qual não devo nada a ninguém, que não se parece a nenhuma outra, na qual encontrei o meu número, eu forcei a fechadura e entortei minha chave em todos os sentidos.

Orphée, Ange Heurtebise e *Opéra* me salvaram desse carrossel. É verdade que as recaídas acontecem rapidamente e que, até o dia em que consegui não me intrometer em mais nada, quero dizer, me intrometer somente no que me concerne, dei outros passos errados.

Meu pior defeito vem da infância como quase tudo o que tenho. Pois eu continuo a ser a vítima desses ritos doentios que fazem das crianças seres obsessivos que colocam seu prato de uma determinada maneira sobre a mesa e saltam algumas linhas do passeio.

Em pleno trabalho, eis esses sintomas que me retêm, me obrigam a resistir ao que me empurra para frente, me embarcam em estranhas irregularidades da escrita, me impedem de dizer o que quero.

É por isso que, frequentemente, o meu estilo apresenta uma cadência voluntária que eu odeio ou se relaxa subitamente. Câimbras que sofro nos meus órgãos e que reproduzem as singularidades nervosas às quais a infância se entrega às escondidas e por meio das quais ela acredita conjurar a sorte.

Agora mesmo, enquanto eu as explico, eu as vivo. Esforço-me para vencê-las. Mas, esbarro-me, atolo-me e me perco. Eu queria quebrar o encanto. A minha mania é mais forte.

Provavelmente, deleito-me com o fato de poder dar um contorno ao que expulso e posso tão pouco que essa força que eu expulso se opõe e decide por si mesma a forma do seu contorno.

Eu defini a dor de escrever da qual padeço e que me faz preferir a conversa.

Eu tenho poucas palavras na minha pena. Reviro-as de todos os lados. A ideia galopa na frente. Quando ela para e olha para trás, me vê lá atrás. Isso a deixa impaciente. Ela foge. Não a encontro mais.

Abandono o papel. Ocupo-me com outra coisa. Abro a minha porta. Sou livre. Basta dizer isso. A ideia volta com toda velocidade e me lança ao trabalho.

É a essa raiva de lutar contra câimbras que devo todas as lendas que me envolvem, cada uma mais absurda que a outra. Invisível sob tantas fábulas e monstruosamente visível por meio delas.

Uma postura que desconcerta o mundo não demora a extenuá-lo. Ele se cansa de nos seguir. Ele nos inventa uma postura e se não nos conformamos com ela, se zanga conosco. É tarde demais para nos queixarmos. Temos uma "cara boa", como dizem. É perigoso não corresponder à ideia que o mundo tem de nós, pois ele não gosta de reconsiderar as suas opiniões.

É por onde escapamos que a lenda caminha.

Quando um crítico estrangeiro nos julga, há muitas chances para que ele acerte. Ele nos conhece melhor do que os nossos compatriotas, que nos esmagam sob seus narizes. O espaço faz aí o papel do tempo. Nossos compatriotas julgam a obra pelo homem. Vendo do homem apenas uma imagem falsa, eles julgam errado.

Parece que desejar a solidão é um crime social. Depois de um trabalho, eu fujo. Procuro um novo campo. Tenho medo da moleza do hábito. Quero ver-me livre de técnicas, de experiência – desajeitado. É ser irresoluto, um traidor, um acrobata, um fantasista. Para o elogio: um mágico.

Um passe de mágica e os livros são escritos, o cinema filma, o bico de pena desenha, o teatro encena. É muito simples. Um Mágico. Essa palavra facilita as coisas. É inútil submeter nossa obra ao estudo. Tudo isso se faz sozinho.

De Raymond Radiguet

Desde o meu primeiro encontro com Raymond Radiguet eu posso dizer que percebi a sua estrela. Como? Eu me pergunto. Ele era baixo, pálido, míope, seu cabelo mal cortado lhe caía sobre o colarinho e virava como uma vírgula. Ele fazia careta como se estivesse ao sol. Saltitava ao caminhar. Dava a impressão de que os passeios por onde ele passava eram feitos de elástico. Ele tirava do bolso bolinhas de papel de folhas de caderno. Desamassava-as com a palma da mão e, incomodado com um cigarro que ele mesmo havia enrolado, tentava ler um poema muito curto. Ele o colava ao olho.

Esses poemas não se pareciam com nenhum outro da época de que falo. Até contradiziam a época e não se apoiavam em nada de antes. Eu poderia dizer que esse tato supremo, essa solidão das palavras, essa espessura do vácuo, essa aeração do conjunto, ninguém ainda inventou na França e que as numerosas imitações que se tentam vender não são sequer caricaturas dos seus poemas?

Ele devolvia a juventude às velhas fórmulas. Retirava a pátina dos clichês. Decapava os lugares comuns. Quando ele tocava em alguma coisa, era como se suas mãos desajeitadas recolocassem na água uma concha. Era um privilégio seu. Ele era o único a poder fazê-lo.

"É necessário ser precioso", dizia ele, e, na sua boca, a palavra precioso ganhava o sentido de raríssimo e de pedra preciosa.

A nossa troca era contínua. Ele flanava. Morava no Parque Saint-Maure com a sua família, perdia o trem, voltava para casa a pé, atravessava o bosque e, como ele era uma criança, tinha medo de ouvir os leões do jardim zoológico rugirem. Se ele ficava em Paris, dormia nos ateliês dos pintores, em cima de uma mesa, entre tubos de tintas e pincéis. Falava pouco. Quando queria examinar uma tela ou um texto, tirava do bolso os óculos quebrados, que ele usava como se fossem um monóculo.

Ele não somente inventou e nos ensinou esta atitude, de uma novidade surpreendente, que consistia em não parecer original (o que ele chamava de vestir um terno novo); ele não somente nos aconselhou a escrever "como todo mundo", porque é justamente onde é impossível que a originalidade se expressa, mas ele nos dava também o exemplo do trabalho. Pois, esse preguiçoso (eu tinha de trancá-lo no seu quarto para obrigá-lo a terminar um capítulo), esse mau aluno que fugia pela janela e fazia seu dever às pressas e de qualquer jeito (ele o refazia na sequência) se tinha tornado um chinês debruçado sobre livros. Ele lia uma multidão de livros medíocres, os confrontava com as obras primas, voltando a eles, assinalando, anotando, enrolando os seus cigarros e declarando que o mecanismo de uma obra prima sendo invisível, ele só podia aprender com os livros que pareciam ser obras primas, mas que não o eram de fato.

Seus ataques de cólera eram raros, mas terríveis. Ele ficava pálido como um defunto. Jean Hugo e Georges Auric devem lembrar-se de uma noite no balneário de Arcachon, onde líamos todos ao redor de uma mesa de cozinha. Eu cometi o deslize de dizer que Moréas não era tão ruim. Eu lia as suas estâncias.[6] Radiguet se levantou, arrancou o livro das minhas mãos, atravessou a praia, jogou o livro na água e voltou, assentando-se com uma cara de assassino, inesquecível.

Seus romances, sobretudo *O diabo no corpo*, para mim, fenômenos tão extraordinários em seu gênero como os poemas de Rimbaud, nunca se beneficiaram da ajuda das nossas modernas enciclopédias. Radiguet era livre demais. Foi ele que me ensinou a não me apoiar em nada.

Ele tinha, provavelmente, um plano, executava um programa a longo prazo. Ele teria orquestrado sua obra e até mesmo, tenho certeza, feito tudo o que fosse preciso para promovê-la. Ele esperava o seu momento. A morte o levou antes.

É por isso que, como aprendi com ele o pouco de clarividência que tenho, a sua morte me deixou sem rumo, incapaz de tocar o meu barco, de melhorar a minha obra e de abastecê-la.

---

[6] O termo "estâncias", que significa estrofes, faz referência, aqui, a um livro de poemas de Jean Moréas, intitulado *Stances*. (N.T.)

Do meu físico

Eu nunca tive um rosto bonito. Em mim, a juventude substituía a beleza. Minha ossatura é boa. São os músculos que se organizam mal sobre ela. Além disso, o esqueleto se transforma ao longo da vida e se estraga. Meu nariz, que sempre fora reto, curva-se como o do meu avô. E eu notei que o da minha mãe também se tinha curvado no seu leito de morte. O excesso de tormentas internas, de sofrimentos, de crises de dúvida, de revoltas submetidas à força do punho, de bofetadas do destino me franziu a testa, cavou entre minhas sobrancelhas uma ruga profunda, entortou essas mesmas sobrancelhas, provocou dobras pesadas nas minhas pálpebras, amoleceu as minhas já cavadas bochechas, abaixou-me os cantos da boca, de tal modo que se eu me curvo sobre um espelho baixo, eu vejo minha máscara se desprender do osso e tomar uma forma informe. Minha barba nasce branca. Meus cabelos, perdendo a espessura, guardaram sua revolta. Disso resulta um buquê de mechas que se contradizem e não podem ser penteadas. Se elas se abaixam me dão uma aparência horrível. Se elas se arrepiam, esse penteado desarrumado parece ser o sinal de uma afetação.

Meus dentes se encavalam. Resumindo, sobre um corpo nem grande nem pequeno, fino e magro, armado com mãos admiradas porque longas e muito expressivas, eu sustento uma cabeça ingrata. Ela me dá uma falsa soberba, que vem do meu desejo de vencer o constrangimento que sinto, ao me mostrar como sou, e a sua prontidão em derreter-se, de medo que se possa tomá-la por uma verdadeira soberba.

Disso resulta uma passagem demasiadamente rápida da reserva ao desabafo, da segurança aos deslizes. Eu desconheço o ódio. O esquecimento das ofensas é muito forte em mim, tão forte que me acontece de sorrir aos meus adversários quando eu os encontro face a face. Eles se espantam e isso é como uma ducha que me desperta. Não sei que postura adotar. Eu me surpreendo que eles se lembrem do mal que me fizeram, que eu já havia esquecido.

É essa inclinação natural para viver conforme os Evangelhos que me afasta do dogma. Joana D'Arc é a minha grande escritora. Ninguém se expressa melhor do que ela, pela forma e pelo conteúdo.[7] Provavelmente, ela teria se enfraquecido, teria adotado um estilo. Tal como ela é, o estilo já está presente e eu não paro de ler e reler seu processo. Antígona é a minha outra santa. Essas duas anarquistas combinam com a sobriedade de que eu gosto,

---

[7] A glória, por intermédio de uma minoria, só pode ser o apanágio dos artistas. Esse método não poderia ser usado para os políticos, mas, às vezes, o orgulho lhes aconselha o risco. Na ausência da unanimidade, a maioria os machuca. Então, eles recorrem à minoria que, no reino deles, não saberia ser suficientemente forte. O caso de Joana D'Arc é outro. O seu escrutínio é fraco. Ela tem apenas três votos. Mas, eles contam. Joana D'Arc é uma poetisa. (N.A.)

que Gide me nega, sobriedade que me é própria e que não se enquadra naquela que, habitualmente, chamam por esse nome. É a dos poetas. Os enciclopedistas de todos os tempos a desdenham. Se eles a invejam, sem o confessar, podem chegar ao crime. Voltaire, Diderot, Grimm são apenas o anúncio de uma atitude antiga como o mundo e que existirá sempre. Ela se opõe aos poetas e aponta para eles armas curvas, por ora, extremamente terríveis.

Rousseau deixou marcas sangrentas dessa caça ao homem até em Hume, cuja obra devia conter o encarniçamento. Que não se acredite que tal obstinação se evapora. Sempre fica alguma coisa. Rousseau permanecerá sempre como um exemplo do espírito de perseguição. Ele tinha esse espírito. Mas lhe tinham dado a oportunidade para tê-lo. É como recriminar um cervo por usar os seus chifres para se defender.

Das minhas evasões

Do medo da Igreja, que me lança em direção à Joana D'Arc, eu encontro a origem no seu processo e em *Les provinciales*. Sua leitura sempre me consternou e, também, o fato de que um espírito como Pascal, para defender a causa de um justo, tenha concordado em examinar tais balelas.

Vários homens dissiparam o meu receio, dentre os quais Jacques Maritain e Charles Henrion, pois o respeito que eles inspiram coloca nossa alma de joelhos. Mas, o que eles têm de singular está sob as ordens de um plural, de uma regra estrita que eles tornam ilimitada, até onde nossa confiança neles nos leva, onde as limitações aparecem e aprisionam por todos os lados. Ao perceber essa manobra, a que eles obedecem sem calcular, eu me disse "pernas pra que te quero" e virei a casaca. Seus corações, minha fé e minha boa fé continuam comigo.

A *Lettre à Maritain* testemunha essa crise de confiança. Eu acreditava poder levar à conta de Deus o que habitualmente se põe na conta do Diabo. Aí, eu dispunha o duro contra o puro. Minha referência era uma admirável frase de Maritain: "O diabo é puro porque ele só pode fazer o mal". Se a pureza não é uma moleza que se eleva, mas um bloco, por que tantos blocos rejeitados pela bondade mole não seriam adotados pela bondade dura e não se tornariam novamente o seu apanágio? Eu era ingênuo.

Entre as doces mãos dos padres uma bomba só explode se eles quiserem. Pegaram a minha no ar e, cuidadosamente, fizeram dela um objeto de conversão, isto é, de exemplo. Meus inimigos viram nisso somente um grande cansaço da direita. Esse vão esforço me proporcionava apenas uma família e esse apoio exterior que algumas pessoas procuram na família, outras procuram na Igreja, nas seitas, na École Normale, na Polytechnique, no Ministério das Relações Exteriores, em um partido ou em uma cafeteria. Esse apoio atrapalhava o antigo costume que eu havia adquirido de apoiar-me somente em mim mesmo.

Maritain achava minha postura pesada. Ele queria abrir-me um caminho. O seu. Para percorrê-lo ao seu lado, infelizmente, eu não possuía nem asas de anjo, nem a considerável máquina espiritual dessa alma disfarçada de corpo. Privado das minhas pernas, só me restava o cansaço. Evadi-me.

Ontem à noite, no meu hotel, eu escutava um jovem capitão me contar suas fugas da Alemanha e da Espanha. De volta à França, depois de passar por Gibraltar e Londres, ele sofre com a banalidade e sente falta da aventura. O problema se apresenta a toda uma juventude que, não desconfiando da existência de guerras internas, prisões internas, fugas internas, perigos mortais e suplícios internos, que, não sabendo o que é viver, teve apenas uma ideia acidental disso e não acredita mais viver, já que as circunstâncias não lhe oferecem mais os meios para isso. A Senhorita X... era enfermeira do exército americano.

As mulheres que não cuidam dos feridos a revoltam. O mínimo conforto a choca. Uma mulher elegante é para ela um insulto. Ela não desconfia de que é o instinto maternal que a influencia e que ela o expressa de outra forma, por não ser casada, nem ter filhos.

É por isso que uma guerra é nefasta. Se ela não mata, ela transmite a uns uma energia estrangeira aos seus recursos, a outros ela permite o que as leis proíbem e os forma nos atalhos. Ela exalta artificialmente a engenhosidade, a piedade, a audácia. Toda juventude se crê sublime em uma guerra e cai quando é preciso tirar de si o patriotismo e o destino.

A surpresa desses exilados do drama seria grande se eles descobrissem que os episódios trágicos, cuja interrupção os deixa à beira do vazio, povoam esse vazio como eles mesmos. Bastaria que eles se voltassem para o seu íntimo e assumissem as consequências no interior deles mesmos, ao invés de fazê-lo de fora. Se a guerra os esclarecesse sobre os meios de dedicar-se em seguida por conta própria, ela seria uma escola severa. Mas, ela lhes apresenta apenas um pretexto para viver mais e a verdadeira vida lhes parece como uma morte. Quando escrevo que me evadi, depois da carta a Maritain, é o termo exato que eu emprego. Eu coloquei aí as batidas do coração, a angústia, a incerteza, a paciência, a engenhosidade da qual me falava o capitão. E não era a minha primeira evasão, nem a última. Conto com mais de uma em meu favor.

Jacques Maritain me tinha visitado frequentemente na clínica onde eu me desintoxicava do ópio. Eu havia usado ópio, diariamente usado em outra época pelos nossos mestres sob a etiqueta de láudano ou de opiato, a fim de atenuar dores nervosas insuportáveis. Depois da morte de Raymond Radiguet, que eu considerava como meu filho, essas dores se tinham intensificado tanto que Louis Laloy, em Monte Carlo, me havia aconselhado o paliativo. O ópio é uma substância viva. Não gosta que o apressem. Ele me dava enjoos. Somente após uma longa tentativa ele me socorreu. Mas ele adormecia a minha fábrica e eu o temia. Minhas várias tentativas para fugir dele, minhas pausas, minhas retomadas, minha vitória (devida ao doutor Lichwitz) depois de cinco fracassos, valeriam a pena ser contados com calma. Celas das quais me escapo, sentinelas que me vigiam, fortalezas aonde me levam e cujos muros eu consigo pular.

    Minha primeira evasão importante (pois não conto as do colégio, minha fuga para Marselha e outras fugas de casa) data de 1912. Eu vinha de uma família apaixonada pela música e pela pintura e na qual as letras contavam pouco ou nada. Meu pai pintava. Quando um pintor abre a sua caixa de tintas e eu sinto o cheiro de tinta a óleo, eu o vejo. Meu avô colecionava quadros excelentes, Stradivarius, bustos gregos. Ele organizava quartetos de música. Ele tocava violoncelo. Eu desenhava. Eu escrevia. Eu me entregava, às cegas, aos dons que quando não se canalizam nos dispersam e correspondem a uma sífilis. Elogiavam-me como se deve. Eu não desagradava. E continuava. Consegui seduzir um número bastante grande de pessoas e inebriar-me com os meus erros.

    Sem dúvida nenhuma, essa linha levava diretamente à Academia. Um dia eu encontrei Gide. Ele me fez ter vergonha da minha escrita. Eu a enfeitava com arabescos. Ele é a origem de um despertar em sobressalto cujo prólogo eu devia pagar caro. Poucas almas admitem que nos descubramos nós mesmos. Elas nos acusam de mudar de campo. Desertor para uns, suspeito para outros: é a solidão de Calchas.

O Balé russo de Serge de Diaghilev teve o seu lugar nessa crise. Ele espirrou cores em Paris. A primeira vez que assisti a um dos seus espetáculos (era a apresentação de *Le Pavillon d'Armide*), eu ocupava uma poltrona reservada para a minha família. Tudo acontecia muito longe atrás da ribalta, nessa moita ardente onde o teatro flamba para aqueles que não frequentam o seu avesso.

Eu encontrei Serge de Diaghilev na casa da Senhora Sert. Naquele minuto eu me tornei um membro da trupe. A partir de então, só vi Nijinsky nos bastidores ou do camarote de onde Diaghilev, atrás da Senhora Sert com o seu penacho persa, acompanhava seus dançarinos com um pequeno binóculo de madrepérola.

Como tenho lembranças disso! O que eu poderia escrever! Não é o meu tema. Depois do escândalo da *Sagração*, fui juntar-me a Stravinsky, em Leysin, onde ele cuidava da sua mulher. Terminei lá *Le Potomak*, iniciado em Offranville, na casa de J.-É. Blanche, sob o olhar de Gide. De volta a Maisons-Laffitte, decidi queimar-me ou renascer. Enclausurei-me. Torturei-me. Interroguei-me. Insultei-me. Consumi-me em recusas.

Conservei de mim apenas as cinzas. Veio a guerra. Então, ela me encontrou apto a evitar as suas armadilhas, a julgar o que ela traz, o que ela leva e como ela nos livra da tolice, ocupada em outro lugar. Eu tive a sorte de viver, na guerra, junto aos fuzileiros navais. Entre eles reinava uma liberdade de espírito incrível. Eu a descrevi em *Le discours du grand sommeil* e em *Thomas, o impostor*.

Eu repito, em Paris, o lugar estava livre. Nós o ocupamos. A partir de 1916, começou nossa revolução.

Depois de Stravinsky, Picasso. Eu conhecia, enfim, o segredo cujo desconhecimento torna todo esforço ineficaz. Existia um mundo onde o artista encontra antes de procurar e encontra sempre. Um mundo onde as guerras são guerras de religião. Picasso, Stravinsky eram os chefes.

Dá-se à palavra gênio uma importância exagerada. Somos econômicos demais para isso. Stendhal o emprega para dizer que uma mulher sabia entrar em um carro. Nesse sentido eu tinha gênio e muito pouco talento. Meu espírito ia de instinto à ponta, mas não sabia despontar. Percebe-se o que me rendia a amizade dos autores de *Les Demoiselles d'Avignon* e de *Les Noces*. No meio das desavenças, das brigas, dos processos de heresia, eu forçava a passagem. Eu me procurava, acreditava reconhecer-me, perdia-me de vista, corria no meu encalço, me reencontrava, sem fôlego. Mal me submetia a um encanto e já me levantava para contradizê-lo.

Que a juventude avança por injustiça, é justo. Pois, prontamente chega a idade do recuo. Volta-se a ela e se desfruta do que se saltava ou se pisava pelo caminho.

O primeiro toque de sino de uma época que começa em 1912 e só termina com a minha morte me foi tocado por Diaghilev, uma noite, na Praça de la Concorde. Nós voltávamos do jantar após o espetáculo. Nijinsky estava emburrado, como de hábito. Ele caminhava na nossa frente. Diaghilev se divertia com as minhas gracinhas. Como eu o interrogava sobre o seu silêncio (eu estava acostumado aos elogios), ele parou, ajeitou o seu monóculo e me disse: "Surpreenda-me". A ideia de surpresa, tão encantadora na obra de Apollinaire, nunca me havia ocorrido.

Em 1917, na noite da estreia de *Parade*, eu o surpreendi. Esse homem tão corajoso escutava, lívido, a fúria da sala. Ele estava com medo. Havia razão para isso. Picasso, Satie e eu não podíamos chegar aos bastidores. A multidão nos reconhecia, nos ameaçava. Sem Apollinaire, seu uniforme e a faixa que envolvia a sua cabeça, mulheres armadas com alfinetes, nos teriam furado os olhos.

Algum tempo depois o *Joseph* de Hofmannsthal triunfava. Eu ocupava o seu camarote. Na décima chamada Hofmannsthal se inclinou na direção de Diaghilev: "Eu teria preferido provocar um escândalo", disse ele. E Diaghilev, da mesma maneira como ele me havia dito "Surpreenda-me", disse-lhe: "É que... não é assim tão fácil".

A partir de 1917, Raymond Radiguet, com os seus quatorze anos, me ensinou a desconfiar do novo se ele parece novo, a seguir na contramão das modas da vanguarda. É colocar-se em má postura. Escandaliza-se à direita. Escandaliza-se à esquerda. Mas, à distância, todos esses contrastes se ajeitam sob uma mesma etiqueta. Esperto é quem se vira. A juventude que visita nossas ruínas vê nelas apenas um estilo. A época dita "heroica" mostra somente a sua audácia. É o trabalho do Museu. Ele achata. Ingres ao lado de Delacroix, Matisse ao lado de Picasso, Braque de Bonnard. Eu diria, até mesmo, que em uma recente remontagem de *Fausto*, o velho cenário do jardim, obra de Jusseaume, graças à poeira e às inconscientes semelhanças, se tinha tornado um magnífico Claude Monet.

Mas esse fenômeno de perspectiva não diz respeito à juventude. Ela pode pretendê-lo somente pela certeza de que os seus projetos prevalecem sobre o resto e não se parecem com nada.

Da França

A França é um país que se denigre. Melhor assim, senão ela seria o país mais pretensioso do mundo. O essencial é que isso não se constate. O que se constata se neutraliza. No meu romance *As crianças diabólicas*, eu tomei o cuidado de dizer que aquela irmã e aquele irmão não se constatavam. Se eles tivessem constatado suas forças de poesia se teriam tornado estetas e passado do ativo para o passivo. Não. Eles se detestam. Eles detestam o quarto deles. Eles querem outra vida. Provavelmente, a daqueles que os imitam e perdem seus privilégios por um mundo que existe somente na certeza de que os privilégios estão em outro lugar e que não se possui nenhum.

Eu tenho em casa uma carta de Musset, escrita na época mais rica em gênio. Ele se queixa que não há um artista, um livro, um quadro, uma peça. A Comédie-Française, diz ele, está carregada de poeira e Madame Malibran canta em Londres porque a Opéra desafina. Cada época da França é constituída de uma maneira que, com a riqueza debaixo do nariz, ela não enxerga nada e procura a riqueza em outro lugar.

São engraçados aqueles que a querem grande nas palavras. "Grandeza, pureza, obras construtivas." É esse o refrão moderno. Durante esse tempo, a grandeza, a pureza, as obras construtivas se produzem com uma forma que lhes permanece invisível e que lhes pareceria como uma vergonha para o país. E os críticos julgam as obras e não sabem que eles são julgados por elas. Quem faz a grandeza da França? Villon, Rimbaud, Verlaine, Baudelaire. Todo esse belo mundo foi levado para o depósito. Queriam expulsá-los da França. Deixaram-no morrer no hospital. Eu não estou falando de Joana d'Arc. Dela, é o processo que conta. Triste é a sua revanche. Pobre Péguy! Eu gostava dele. Ele era um anarquista. O que ele diria do uso que se faz do seu nome?

A atitude da França depois da libertação era simples: nenhuma. Nas mãos dos militares, o que ela poderia fazer? O que era necessário? Dizer ao mundo: "Eu não quis lutar. Eu não gosto disso. Eu não tinha armas e não terei. Eu possuo uma arma secreta. Qual? Sendo ela secreta, posso responder-lhe?". E se o mundo insiste: *"Minha arma secreta é uma tradição de anarquia"*.

Eis uma resposta poderosa. Um enigma. Algo para intrigar os povos fortes. "Invadam-me. Eu os possuirei com o tempo."

Já que essa postura chinesa não foi tomada e que nos fizemos de bufões, que chance nos resta? Tornarmo-nos um vilarejo como o preconiza Lao-Tsé. Não ser mais invejável, exceto pelo invisível, mais vasto que o visível, e soberano.

Ao falar do império ideal Lao-Tsé disse: "Escutar os galos de um lado ao outro do território".

O que é a França, eu lhe pergunto? Um galo em um monte de esterco. Tire o esterco, o galo morre. É o que acontece quando se estimula a tolice até confundir um monte de esterco com um monte de lixo.

Do teatro

Desde a infância e as saídas da minha mãe e do meu pai para o teatro, eu contraí o mal vermelho e ouro. Eu nunca me acostumo a ele. Cada cortina que se abre me reconduz ao minuto solene em que, a cortina do Châtelet abrindo-se para *Le tour du monde en quatre-vingts jours*, os abismos de sombra e de luz se reuniram, separados pela ribalta, que avermelhava a base da parede de tecido pintado. Como essa leve parede não tocava o chão, percebia-se uma fresta de vaivém, uma fornalha. Fora essa fresta, um buraco contornado com cobre era o único orifício através do qual os dois universos se comunicavam. O odor de circo era uma coisa. O camarote estreito com cadeirinhas incômodas era outra coisa. E como nos quartos de Mena-House cujas janelas dão para as Pirâmides, o pequeno camarote lhe jogava diretamente na cara o rumor oceânico do público, o grito: "Pastilhas de menta, caramelos, balas aciduladas" das baleiras, a caverna púrpura e o lustre que Baudelaire preferia ao espetáculo.

Com o tempo, o teatro onde eu trabalho não perde o seu prestígio. Eu o respeito. Ele me intimida. Ele me fascina. Nele eu me duplico. Eu o habito e torno-me a criança que o tribunal do controle autoriza a entrar nos Infernos.

Quando eu apresentei *A voz humana* na Comédie-Française e depois *Renaud et Armide*, surpreendi-me com o fato de que os meus colegas considerassem esse teatro como outro qualquer e que eles montassem ali peças escritas para qualquer lugar. A Comédie-Française continuava sendo, aos meus olhos, a casa de mármore e de veludo, assombrada pelas grandes sombras da minha juventude. Ontem, Jean Marais me telefonou de Paris para dizer que o haviam convidado a voltar para a Comédie-Française, mas desta vez em condições de primeira ordem. Ele me pediu conselho e, provavelmente, a fim de que eu o dissuadisse. Tenho muitos motivos para fazê-lo. Mas hesitei em responder. O respeito ingênuo que esse teatro provoca em mim acabava de agitar a sua capa vermelha. Em um relâmpago eu vi Mounet-Sully atravessar o palco da direita para a esquerda nos trajes do jovem Ruy Blas. Ele estava velho. Sua barba era branca. Quase cego, com a cabeça afundada entre os ombros, ele segurava um candelabro. E o seu passo era o espanhol.

Eu vi De Max, com uma mão cheia de anéis, sacudir no ar suas mechas pretas e a calda do seu véu. Eu vi Madame Bartet, pássaro velho sem pescoço, cantar *Andromaque*. Eu vi Madame Segond-Weber em *Rodogune*, sair envenenada mostrando a língua, com um passo de ganso.

Nada disso servia para encorajar um jovem rapaz. E, no entanto, eu demorava a lhe dizer: "Recuse". Uma vez o telefone no gancho, os magníficos inválidos ainda agiam. A razão me dizia: "Esse ator acabou de atuar no seu filme. Ele faz a sua peça. Deve trabalhar na próxima. Todos o solicitam. Pagam-no caro. Ele é livre". O desatino me mostrava a criança que eu fui, levada até a sua poltrona da quinta-feira, por uma lanterninha com um laço cor-de-rosa e bigode cinza, e Marais na moldura de ouro, interpretando o papel de Nero, no qual ele é incomparável.

Assim sou eu, envolto de encantamentos. Pronto para deslumbrar-me. Eu pertenço ao momento. Ele me falseia as perspectivas, me bloqueia a diversidade. Eu cedo a quem sabe me convencer. Sobrecarrego-me de trabalho. Demoro-me nisso e fracasso em tudo. É por isso que a solidão me faz bem. Ela reconstitui o meu ânimo.

O sol que se mostrou cobre-se de brumas. As famílias multicores vão embora. O hotel se esvazia e eu posso, enfim, fazer os meus deveres de férias. Entre duas páginas de escrita, eu procuro o título da minha peça. Desde que a terminei, o seu título se esconde. E o título *A rainha morta*, que lhe cairia bem, me incomoda muito. Minha rainha não tem nome. O pseudônimo de Stanislas: Azraël, combina, mas dizem-me que se transformará em Israël na memória do público. Um único título existe. Ele será, logo ele é. O tempo o rouba de mim. Como o descobrir entre cem outros títulos? É preciso que eu evite isto, aquilo e aqueloutro. Evitar a imagem. Evitar descrição e evitar não descrever. Evitar o significado exato e a inexatidão. O mole, o seco. Nem longo, nem breve. Próprio para atrair o olho, para despertar o ouvido, a inteligência. Simples de ler e de memorizar. Eu havia anunciado vários. Tive de repeti-los duas vezes e os jornalistas ainda escreveram errado. O meu verdadeiro título me provoca. Ele gosta do seu esconderijo de criança, que a gente chama e acredita ter-se afogado no lago.[8]

---

[8] Era a peça *L'aigle à deux têtes*. (N.E.F.)

O teatro é uma fornalha. Quem não desconfia disso se consome nele com o tempo ou se queima de uma vez. Ele dá uma ducha de água fria no zelo. Ele ataca com o fogo e com a água.

O público é um mar agitado. Provoca náuseas. Faz amarelar. Não adianta dizer: é o teatro, é o público, isso não muda nada. Prometemo-nos não mais cair nessa jogada. Mas logo retornamos. É uma sala de jogos. Apostamos o que temos. A tortura é primorosa. A menos que sejamos fátuos, a sentimos. Ela nunca se cura.

Nos ensaios, torno-me espectador. Eu corrijo mal. Gosto dos atores e eles me enganam. Escuto outra coisa além de mim. Na véspera do espetáculo minhas fraquezas me saltam aos olhos. É tarde demais. Em seguida, afetado por um mal-estar quase marítimo, eu percorro o navio, os porões, as cabines, os corredores das cabines. Não ouso olhar o mar. Menos ainda mergulhar nele. Tenho a impressão de que se eu fosse até a sala, eu faria o barco afundar.

Eis-me nos bastidores, esticando a orelha. Atrás do cenário, uma peça não está mais pintada; ela se desenha. Ela me mostra os seus erros de desenho. Saio. Vou estender-me no camarim das minhas atrizes. É que, ao mudar de alma, elas deixam, cavam lá um vazio fatal. Sufoco-me. Levanto-me. Estico a orelha. Em que ponto estamos? Escuto atrás das portas. Entretanto, eu sei muito bem que esse mar está submetido a regras. Suas ondas se enrolam e se desenrolam segundo a minha ordem. Uma nova sala libera a sua energia com os mesmos efeitos. Mas, se um desses efeitos se prolonga, o ator cai na armadilha. Ele recusa, com dificuldade, a deixa do riso. Esse riso cruel deveria machucá-lo, ele o agrada. "Eu sofro e faço rir, se diz ele, ganho o jogo." Tão logo lançada, a deixa é aproveitada e o autor esquecido. O navio deriva e depois encalha. Se os atores escutam essas sereias, o drama se torna melodrama, o fio que ligava as cenas se rompe. O ritmo está perdido.

De longe, eu supervisiono mal a minha equipe. Os imponderáveis me escapam. O que eu poderia mudar? Ali estão os intérpretes que se controlam e aperfeiçoam a máquina. Ali estão os que vivem em cena e se esforçam para vencer a máquina. Diderot é leviano quando fala disso. Ele não é do meio.

Eu conheço autores que supervisionam os atores e lhes escrevem notas. Eles obtêm uma disciplina. Eles paralisam. Fecham à chave a porta que pode ser aberta com um sopro de vento.

Duas grandes raças se afrontam no palco. Uma é impedida de enriquecer a sua trajetória com algum achado, a outra é despertada da sua hipnose. Eu prefiro arriscar uma química. É o vermelho ou o negro que sai.

Escrevendo esse parágrafo, parece que estou no camarim do meu intérprete Marcel André, com quem gosto de conversar sobre essas coisas. Yvonne de Bray e Jean Marais estão em cena. Eles têm a mesma sintonia. Que mecanismo os faz respeitar um diálogo que eles vivem, esquecendo que falta uma parede no quarto onde estão? Marcel André fala, eu o escuto. Escuto, também, o silêncio do edifício. Ele espreita o sinal que o colocará em cena. Vivemos ali, uma semiexistência.

Minutos deliciosos que eu sofro e que não trocaria por nada.

Por que você escreve peças de teatro? Pergunta-me o romancista. Por que você escreve romances? Pergunta-me o dramaturgo. Por que você faz filmes? Pergunta-me o poeta. Por que você desenha? Pergunta-me o crítico. Por que você escreve? Pergunta-me o desenhista. Sim, por quê? Eu me pergunto. Provavelmente para que a minha semente se espalhe por toda parte. Eu conheço mal o sopro que me habita, mas ele não é suave. Ele menospreza os doentes. Ignora o cansaço. Aproveita das minhas aptidões. Ele quer contribuir. Não se trata de inspiração, mas sim de expiração. Pois esse sopro vem de uma zona do homem, aonde o homem não pode descer, nem se Virgílio tivesse de conduzi-lo, afinal, Virgílio também não descia até lá.

O que posso fazer com o gênio? Em mim, ele procura apenas um cúmplice. O que ele quer é um pretexto para realizar as suas maldades.

O principal, se nossa ação se divide, é não misturar nossos esforços. Eu nunca me decido por um dos seus ramos sem me amputar dos outros. Eu me podo. É até mesmo raro que eu desenhe nas margens de uma escrita. É por isso que eu publiquei álbuns de desenhos que se referem aos meus escritos, mas não juntos. Se eu os publiquei juntos, eles foram desenhados muito tempo depois. Em *Portraits-Souvenir* eu desenhei no local mesmo. Os artigos eram publicados no *Figaro* e esse tipo de artigo e de desenho se pode fazer com a mesma tinta.

Eu poderia, menos ainda, conduzir com várias rédeas o teatro e o cinematógrafo, pois eles se viram as costas. Enquanto eu montava meu filme *A Bela e a Fera*, o Gymnase ensaiava minha peça *Les parents terribles*. Os atores me recriminavam por não dar-lhes muita atenção. Ainda que eu não filmasse mais, eu era escravo de um trabalho em que a linguagem é visual e não se contém em uma moldura. Eu tinha todas as dificuldades do mundo, confesso, para, imóvel, escutar um texto e prestar atenção nele. Quando um trabalho está terminado, se quero empreender outro, eu devo esperar. O trabalho acabado não me larga imediatamente. Ele faz sua mudança lentamente. Será sábio mudar de ares e de quarto. O material novo me vem durante os passeios. Sobretudo, não devo percebê-lo. Basta que eu me intrometa para que ele não me chegue mais. Um belo dia o trabalho exige a minha ajuda. Eu me entrego a ele de uma sentada. As minhas pausas são as suas. Minha pena derrapa, se ele cochila. Quando ele desperta, me sacode. Pouco o incomoda se eu durmo. De pé, ele me diz, estou ditando. E não é fácil acompanhá-lo. Seu vocabulário não é feito de palavras.

Eu conto em *Ópio* uma liberdade que eu tomei em *As crianças diabólicas*. Embalado pela velocidade da minha pena, acreditei que era livre para inventar eu mesmo. Tudo parou. Foi preciso esperar o *bel-prazer*.

La machine infernale usava outro sistema. Ela me abandonava durante períodos muito longos. Ela esperava que outras febres parassem de me ocupar. Ela me queria inteiro. Uma distração minha e ela me virava as costas. *La machine à écrire* é um desastre. Quando eu acreditava estar pronto para escrevê-la, outra ideia me habitou e me ditou *La fin du Potomak*. Eu quis recomeçá-la. Eu captava mal o ditado. Após o primeiro ato, continuei somente da minha cabeça. Uma vez a peça escrita, obstinei-me em reescrevê-la. No fim das contas, ouvi conselhos e estraguei o fim. Essa peça me serve de exemplo! Nunca mais serei meu mestre. Sou feito para a obediência. Estas linhas que traço, há uma semana eu ignorava que eu tivesse de traçá-las.

De todos os problemas que nos perturbam, o do destino e do livre arbítrio é o mais obscuro. O quê? A coisa já está escrita e nós podemos escrevê-la, nós podemos mudar o seu fim? A verdade é diferente. O tempo não. Ele é a nossa dobra. O que acreditamos executar na sequência, se executa de uma vez. O tempo nos desenovela. Nossa obra já está feita. Resta-nos nada menos que descobri-la. É essa participação passiva que surpreende. Há do que surpreender. Ela deixa o público incrédulo. Eu decido e não decido. Eu obedeço e dirijo. É um grande mistério. *La machine à écrire* não era uma peça ruim inicialmente.[9] O fluido me abandonou. Eu estava livre. Mas, não sou mais livre para apagar a mancha que fiz. Ela está aí.

---

[9] A Comédie-Française colocou uma nova versão dessa peça no seu repertório. (N.E.F.)

De Diaghilev e de Nijinsky

Em um livro em que testemunho no processo socrático que a sociedade nos intenta, eu devo expressar o meu reconhecimento a dois homens livres que viveram para soltar o seu grito.

Nijinsky tinha uma estatura mais baixa que a média. De alma e de corpo ele era apenas deformação profissional.

Seu rosto, do tipo mongol, era ligado ao corpo por um pescoço muito longo e grosso. Os músculos das suas coxas e os das suas panturrilhas esticavam o tecido da calça e davam a impressão de que ele tinha as pernas arqueadas para trás. Seus dedos eram curtos como se tivessem sido cortados nas falanges. Resumindo, nunca se poderia acreditar que esse macaquinho com pouco cabelo, vestido com um sobretudo evasê, usando um chapéu equilibrado no alto da cabeça, era o ídolo do público.

Ele o era, entretanto, com razão. Tudo nele se organizava para ser visto de longe, sob os holofotes. No palco, sua musculatura grossa demais se tornava esbelta. Sua estatura se alongava (seus calcanhares nunca tocando o chão), suas mãos viravam a folhagem dos seus gestos e, quanto ao seu rosto, ele irradiava.

Semelhante metamorfose é quase inimaginável para aqueles que não foram testemunhas disso.

A partir de 1913, ele se apresentava com má vontade em *O espectro da rosa*, em que ele se resumia, porque a coreografia da *Sagração* escandalizava e ele não suportava que aclamassem uma e vaiassem a outra. A força da gravidade nos habita. Ele procurava, sem cessar, alguma astúcia para acabar com ela.

Ele havia notado que a metade do salto final de *O espectro da rosa* se perdia, visto da sala. Ele inventou de dar um salto duplo, se revirar no ar na diagonal e cair em pé nos bastidores, onde era recebido como um lutador de boxe, com toalhas quentes, tapas e a água que o seu empregado Dimitri lhe jogava no rosto.

Antes da estreia do *Fauno*, nas ceias do restaurante Larue, ele nos surpreendeu, durante vários dias, com movimentos de cabeça que lembrava um torcicolo. Diaghilev e Bakst estavam preocupados e o interrogaram sem obter nenhuma resposta. Soubemos, em seguida, que ele treinava para o peso dos chifres. Eu citaria mil exemplos dessa pesquisa perpétua que o tornava irritadiço e mal-humorado.

No *Hotel Crillon* (Nijinsky e Diaghilev migravam de hotel em hotel, expulsos por falta de pagamento), ele passava vestido com um roupão atoalhado, colocava o capuz e anotava suas coreografias.

Eu o vi criar todos os seus papéis. Suas mortes eram comoventes. A de *Prétrouchka*, em que a marionete se humaniza ao ponto de nos fazer chorar. A de *Schéhérazade* em que ele tamborilava no palco como um peixe no fundo de um barco.

Serge de Diaghilev parecia usar o menor chapéu do mundo. Se você colocasse esse chapéu, ele desceria até as orelhas. Pois a cabeça dele era tão grande que, nela, todo chapéu era pequeno demais.

Suas dançarinas o apelidavam *Chinchila* por causa de uma mecha branca conservada em uma cabeleira pintada de preto intenso. Ele parecia apertado no seu casaco com gola de pele de gambá e, às vezes, o fechava com alfinetes ingleses. Ele tinha o rosto de um dogue, o sorriso de um filhote de crocodilo, um dente para fora. Quando ele parecia mastigar esses dentes era um sinal de prazer, de medo, de cólera. Ele mastigava com a sua boca encimada por um bigodinho, no fundo dos camarotes de onde ele supervisionava seus artistas aos quais ele não transmitia nada. E o seu olho úmido inclinado para baixo tinha a curva da ostra portuguesa. Esse homem levava pelo mundo uma trupe de dança, tão confusa, tão colorida como a feira de Nijni-Novgorod. O seu único luxo era descobrir uma estrela. E o vimos trazer do gueto russo a magra, a longa, a lúgubre Madame Rubinstein. Ela não dançava. Ela entrava, se mostrava, fazia mímica, andava, saía e, às vezes (como em *Shéhérazade*), arriscava um esboço de dança.

Um dos triunfos de Diaghilev foi apresentá-la no papel de Cleópatra ao público parisiense. Era como apresentá-la a Antônio. Trouxeram um monte de tecido, o colocaram no meio do palco. Desenrolaram o pacote e apareceu Madame Ida Rubinstein, tão magra das pernas que acreditava-se ver um íbis do Nilo.

Eu desenho essas figuras, na margem do programa das grandes festas que tiveram um papel decisivo no meu amor pelo teatro. Pois uma frase sobre Vestris, sobre Talma, me dá gosto. Gostaria de ler muitas delas.

Do maravilhoso no cinematógrafo

Fala-se muito do maravilhoso. Ainda seria preciso chegar a um acordo e saber o que ele é. Se eu precisasse defini-lo, eu diria que é o que nos afasta dos limites dentro dos quais precisamos viver e como um cansaço que se estende exteriormente ao nosso berço e ao nosso leito de morte.

Há um erro que consiste em acreditar que o cinematógrafo é uma arte própria para realizar essa faculdade da alma. O erro provém de uma pressa em confundir o maravilhoso e a prestidigitação. Não é uma grande maravilha tirar uma pomba de um chapéu. A prova disso é que esse tipo de número se compra, se ensina e que os milagres de um tostão seguem modas. Eles não derivam mais do maravilhoso do que da álgebra, mas oferecem uma aparência frívola e prazerosa, menos cansativa para o espírito. Quer dizer que o cinematógrafo não pode colocar na mão uma arma capaz de ultrapassar o alvo? Não. Mas se ele é capaz disso, é como as outras artes, das quais se empenham para excluí-lo porque sua juventude o torna suspeito em um país (a França) onde, salvo se for para defender o território, não a levam em consideração.

O cinematógrafo tem cinquenta anos. É, infelizmente, a minha idade. Muito para mim. Muito pouco para uma Musa que se expressa por intermédio de fantasmas e de um material ainda na infância, se a compararmos ao uso da tinta e do papel.

É provável que a frase "Escreva, então, sobre o maravilhoso no cinematógrafo" venha dos filmes *O sangue de um poeta* e *A Bela e a Fera*, imaginados com quinze anos de intervalo e nos quais, consente-se ver a realização dessa curiosidade que nos impulsiona a abrir portas interditadas, caminhar no escuro cantarolando para ter coragem.

Ora, *O sangue de um poeta* é apenas um mergulho em si mesmo, uma maneira de empregar o mecanismo do sonho sem dormir, uma vela desajeitada, frequentemente apagada por algum sopro, levada em passeio na noite do corpo humano. Os atos se encadeiam como eles querem, sob um controle tão frágil que não se poderia atribuí-lo à mente. Antes, a um modo de sonolência que ajuda a eclosão de lembranças livres a se organizar, se atar, se deformar até tomar corpo à nossa revelia e se tornar um enigma para nós.

Nada menos apropriado que a França no exercício dessa faculdade que não recorre nem à razão, nem aos símbolos. Poucos franceses querem gozar de um acontecimento excepcional sem conhecer sua fonte, seu objetivo, nem estudá-lo. Eles preferem ridicularizá-lo e tratá-lo com insultos.

O símbolo é seu último recurso. Ele lhes dá margem e ainda lhes permite explicar o incompreensível e revesti-lo com um significado secreto, o que retira a sua beleza de não ter nenhum. "Por quê? Você está zombando? De quem você zomba?" São as armas que a França opõe à forma inédita que uma alma altiva chega a tomar, quando se manifesta contra toda expectativa e intriga alguns curiosos.

Esses curiosos são vistos, logo, como comparsas. Ocorre que os esnobes, que herdaram o faro dos reis, os seguem às cegas. Isso compõe uma mistura que o público se nega, incapaz de reconhecer os sinais de um novo conformismo embrionário no qual se subescreverá amanhã. E assim por diante. Já que um prodígio só seria um prodígio na medida em que um fenômeno natural ainda nos escapa, o maravilhoso seria, então, não o milagre, asqueroso pela desordem que ele determina, mas o simples milagre humano e muito trivial que consiste em dar aos objetos e aos personagens um insólito que escapa à análise. Como nos prova Vermeer de Delft.

Esse pintor pinta, com certeza, o que ele vê, mas a exatidão, que agrada a todos, nos informa sobre o que o faz afastar-se dela. Pois, se ele não usa nenhum artifício para nos surpreender, nossa surpresa será ainda mais profunda face às singularidades que lhe valem sua solidão e nos proíbem a mínima comparação entre a sua obra e a dos seus contemporâneos. Um pintor da mesma escola pinta com a mesma franqueza. É uma pena que a sua franqueza não nos entregue nenhum segredo. Na obra de Vermeer, o espaço está povoado por outro mundo além daquele que ele representa. O tema do seu quadro é apenas um pretexto, um veículo por meio do qual se expressa o universo do maravilhoso.

Eu queria retornar a isto: que o cinematógrafo pode vincular-se ao maravilhoso como eu o vejo, se ele se contentar em ser um veículo do maravilhoso e não procurar produzi-lo. O encantamento que nos transporta no contato de certas obras provém raramente de um apelo às lágrimas, de um efeito de surpresa. Ele é, antes, eu repito, provocado de maneira inexplicável por uma brecha que se abre inesperadamente.

Essa brecha se produzirá em um filme do mesmo modo que em uma tragédia, em um romance ou em verso. O encantamento não virá das facilidades que ele oferece aos estratagemas. Ele virá de algum erro, de alguma síncope, de algum encontro fortuito entre a atenção e a desatenção do seu autor.[10] Por que o encantamento agiria diferentemente das Musas? Sua aptidão para enganar o olho e o espírito engana também a respeito dos seus títulos de nobreza.

O cinematógrafo é uma arte. Ele se libertará da escravidão industrial cujas banalidades não o incriminam mais do que os maus quadros e os livros ruins não desacreditam a pintura e a literatura.

Mas, por favor, não vá considerá-lo como um mágico. É assim que costumamos falar de um trabalhador, evitando, por meio desse termo, aprofundar seus empreendimentos. Seu privilégio não é uma rodada de baralho. Ele passa longe dos malabarismos, que são apenas a sua sintaxe. É em outro ponto que precisamos saudar o maravilhoso. *O sangue de um poeta* não tem nada de mágico, nem *A Bela e a Fera*.

Os personagens desse último filme obedecem à regra das fantasias. Nada os surpreende em um mundo onde se admitem como normais coisas que deformariam os mecanismos do nosso. Quando o colar da Bela se transforma em cordas velhas, não é tal prodígio que revolta suas irmãs, mas o fato de se tornar corda porque elas o tocam.

E se o maravilhoso está em meu filme, não é desse lado que será preciso esperá-lo, ele se mostrará, antes,

---

[10] E a faculdade de maravilhamento do espectador. Não se tem nada sem nada. (N.A.)

nos olhos da Fera quando ela diz à Bela: "Você me afaga como se afaga um animal", e ela lhe responde: "Mas você é um animal".

Uma preguiça vestida de juiz condena nas nossas tentativas de poesia o que ela estima não ser poético, baseando-se, para o seu veredito, nessa aparência de maravilhoso de que falo, e se mantém surda ao maravilhoso se ele não tiver os atributos que ela espera.

Quando vemos as fadas, elas desaparecem. Elas nos auxiliam apenas sob um aspecto que as torna ilegíveis e somente presentes por meio de uma repentina graça insólita de objetos familiares de que elas se fantasiam para nos fazer companhia. É aí que a ajuda delas se torna eficaz e não quando elas aparecem e nos estonteiam com luzes. Isso é válido para todas as coisas. Em *A Bela e a Fera*, eu não adotei essa rampa que o público quer descer cada vez mais rapidamente sem que tratem com cuidado a sua vertigem.

Eu me obstino em dizer outra vez: Maravilhoso e Poesia não me concernem. Eles devem me atacar por emboscada. Meu itinerário não deve prevê-los. Se estimo que tal campo de sombra é mais favorável que outro para abrigá-los, eu trapaceio. Pois, ocorre que uma estrada descoberta e ensolarada os abriga melhor.

É por isso que eu faço tanta questão de viver com a família da Bela, quanto no castelo da Fera. É por isso que o caráter feérico me importa mais que a fantasia em si. É por isso que o episódio das liteiras no quintal, entre outros, episódio que não deriva de nenhum fantasma, é, em minha opinião, mais revelador desse caráter do que os artifícios do castelo.

Em *O sangue de um poeta*, o sangue que escorre pelo filme incomoda nossos juízes. O que adianta, eles se perguntam, nos repugnar e nos chocar de propósito? Esse sangue que nos enoja nos obriga a virar o rosto e nos impede de gozar os achados (por achados eles entendem: a entrada no espelho, a estátua que mexe, o coração que bate), mas de uma à outra, dessas sacudidas que os despertam, qual é a ligação, eu lhe pergunto, senão o sangue que escorre e de onde o filme tira o seu título? O que eles sabem do rio, eles que querem desfrutar apenas de escalas? E o que valeriam esses "achados", como eles dizem, se não fossem a consequência de uma arquitetura, ainda que inconsciente, e dependente do resto por esse laço de sangue? Eles dormem e pensam que eu durmo e que o meu despertar os desperta. Em uma refeição, o peso deles os condena a não distinguir nada além da pimenta do reino. Eles não sentem mais nada além dos picos. É o que os inflama, lhes dá o bicho de carpinteiro, os obriga a correr de um lugar a outro.

Em *L'éternel retour*, o castelo dos amantes lhes parece próprio para a poesia. E imprópria a garagem do irmão e da irmã. Eles a condenam. Estranha tolice. Pois, é justamente nessa garagem que a poesia funciona melhor. Com efeito, compreendendo o abandono dos irmãos, em sua ignorância inata e como a organicidade da graça, pode-se tocá-la com o dedo e eu me aproximo dos terríveis mistérios do amor.

Eis o fruto de algumas experiências que realizei, às quais ainda me entrego e que são o único objeto das minhas pesquisas. Como diz Montaigne: "A maioria das fábulas de Esopo possui vários sentidos e inteligências. Aqueles que as mitologizam escolhem uma imagem que enquadra bem na fábula; mas, na maioria das vezes, é apenas a primeira e superficial, há outras, mais vivas, mais essenciais e profundas, nas quais eles não souberam penetrar".

Da amizade

O príncipe de Polignac declarava: "No fundo, eu não gosto dos outros". Mas quando a sua mulher lhe pergunta: "Por que você está sombrio?". E ele lhe responde: "Eu amo e sou amado", acrescentando: "Infelizmente, não se trata da mesma pessoa", ele confessa a sua solidão. Eu gosto dos outros e existo somente por eles. Sem eles minhas balas são balas perdidas. Sem eles a minha chama se enfraquece. Sem eles eu sou um fantasma. Desde que eu me afasto dos meus amigos, procuro a sombra deles.

Ocorre que a tolice, a incultura os substituem. A mínima gentileza me engana. Mas, então, como me fazer entender? Não compreendem o que eu digo. Logo, será necessário que eu encontre um meio de ser entendido. Estou indo rápido demais? Seria o fato de uma síncope? A minha letra não é suficientemente grande? Eu procuro. Encontro. Falo. Escutam-me. E não é por necessidade de exercício. É o gosto pelo contato humano.

Eu disse, uma vez, que eu sabia fazer melhor a amizade do que o amor. O amor é feito de espasmos breves. Se esses espasmos nos decepcionarem, o amor morre. É muito raro que ele resista à experiência e se torne amizade. A amizade entre homem e mulher é delicada, é também um tipo de amor. O ciúme se camufla ali. A amizade é um espasmo tranquilo. Sem avareza. A felicidade de um amigo nos encanta. Ela nos acrescenta. Não tira nada. Se a amizade se ofender, não é amizade. É um amor que se esconde. Acredito que essa gana de amizade que sempre tive vem-me dos filhos de que me privam. Não os tendo, eu os invento. Eu queria educá-los. Mas, percebo que são eles que me educam. Além do fato de a juventude, e sua presença na nossa casa, nos obrigar a nunca dar um passo que não lhe possa servir de exemplo, ela tem armas apropriadas para as lutas, para as quais as nossas se tornam obsoletas. Temos o que aprender com ela. Pouco para lhe ensinar. Mais tarde, é o nosso fluido que impregna nela e lhe prepara um terreno onde possa desabrochar. As palavras são inúteis. Na minha escola se ouviria o voo de uma mosca. E eu sou tagarela.

Outra coisa é dar diretrizes se nos pedirem. Ainda que eu não seja o melhor nisso. Eu falo com facilidade de outra coisa e é dessa forma que sirvo.

Max Jacob me dizia: "Você não tem nenhum senso de companheirismo". Ele estava certo. Combina melhor comigo a palavra de Wilde a Pierre Louys. Sem compreendê-la, ele fez um escândalo: "Eu não tenho amigos. Só tenho amantes". Elipse perigosa se ela cair na orelha de um policial ou de um literato. Ele queria dizer que ele sempre ia ao extremo. No que o concerne, acredito que ele se empertigava. Ele poderia ter dito: "Eu só tenho companheiros". E se eu fosse Pierre Louys, ficaria ainda mais ofendido.

Onde eu encontraria o prazer de ser companheiro?

A que hora eu me arrastaria de café em café, de ateliê em ateliê, de braços dados com companheiros?

A amizade ocupa todo o meu tempo e se uma obra me distrair, eu a dedico a ela. Ela (a amizade) me salva dessa angústia de envelhecer que os homens sofrem.

    A juventude não é o que os meus amigos querem de mim e a deles só me interessa na medida em que ela reflete a sua sombra. Cada um tira o seu proveito, dedica-se ao que o diverte, procura permanecer digno um do outro. E o tempo corre.

    "Nossa tentativa de cultura teve um triste fim", diz Verlaine. Infelizmente, registro somente fracassos. Havia do que fugir. Mas, a alma é tenaz. Destrua o seu nicho, ela o refaz.

    O avião de Garros queima. Ele cai. Jean Le Roy arruma as minhas cartas em leque sobre o seu baú. Ele empunha a sua metralhadora. Morre. A febre tifoide me leva Radiguet. Marcel Khill é morto na Alsácia. A Gestapo tortura Jean Desbordes.

    Eu sei muito bem que eu procurava a amizade de máquinas demasiadamente velozes e que se desgastam dramaticamente. Hoje, o instinto paterno me afasta delas. Volto-me para aqueles que não carregam a estrela preta. Maldita seja ela! Eu a detesto. Reaqueço minha carcaça ao sol.

Do sonho

Eu me lembro, no consultório do doutor B..., uma sessão de protóxido de nitrogênio que a assistente me aplicou. A porta se abre. Outra assistente entra e diz a palavra *senhora*. Eu deixo o nosso mundo, não sem acreditar que oponho ao gás uma lucidez superior. Até acredito ter força para pronunciar algumas palavras muito finas: "Doutor, fique atento, eu não durmo". Mas a viagem começa. Ela dura séculos. Chego ao primeiro tribunal. Ele me julga. Eu passo. Mais um século. Chego ao segundo tribunal. Ele me julga. Eu passo e assim se segue. No décimo quarto tribunal, eu compreendo que a multiplicidade é um signo desse outro mundo e a unidade o signo do nosso. Ao meu retorno encontrarei um corpo, um dentista, um consultório de dentista, uma cadeira de dentista, um jaleco branco de dentista. E vai ser preciso esquecer o que eu vi. Passar novamente, e na ordem inversa, diante de todos esses tribunais. Compreender que eles sabem que isso não tem nenhuma importância, que eu não falarei, já que não me lembrarei de nada. Séculos se acrescentam aos séculos. Volto para o nosso mundo. Vejo a unidade que retoma a sua forma. Que tédio! Tudo é uno. E ouço uma voz dizer à porta: "...lhe pergunta se o senhor vai atendê-la amanhã". A assistente termina a sua frase. Somente o nome da senhora me fugiu. Eis o tempo dos séculos de onde voltei, o espaço, aqui, da minha viagem vertiginosa. É o imediato do sonho. Nós nos lembramos somente do sonho interminável ocorrido instantaneamente à beira do nosso despertar. Eu disse que os meus sonhos eram, habitualmente, de ordem caricatural. Eles me atacam. Eles me informam sobre o irreparável da minha natureza. Sublinham imperfeições orgânicas que eu não corrigirei. Eu suspeitava da sua existência. O sonho a prova, sob a forma de atos, de apólogos, de discursos. Não é assim todas as vezes, a menos que eu me vanglorie, na falta de um esclarecimento do sentido.

A prontidão do sonho é tal que seus cenários povoam-se de objetos, que nos são desconhecidos quando estamos despertos e cujos mínimos detalhes nós conhecemos de imediato. O que me surpreende é que, de um segundo a outro, o nosso eu do sonho se encontra projetado em um mundo novo, sem sentir o espanto que esse mundo lhe provocaria em estado de vigília, enquanto continua a ser ele mesmo e não participa dessa transfiguração. Nós permanecemos em um universo diferente; o que poderia dar a entender que dormindo nós somos um viajante que acorda sobressaltado. Pouco importa, já que a cidade onde ele não esperava estar surpreende esse viajante, enquanto as extravagâncias do sonho jamais pegam desprevenido o homem desperto que dorme. O sonho é, então, a existência normal do dormente. É por isso que eu me esforço para esquecer meus sonhos ao acordar. Os atos do sonho não são válidos na vigília e os atos da vigília só são válidos no sonho porque ele possui a faculdade digestiva para fazer deles excrementos. No mundo do sono esses excrementos não nos aparecem como tais e sua química nos interessa, nos diverte ou nos apavora. Mas, transportado na vigília que não possui essa faculdade digestiva, os atos do sonho borrariam a nossa vida e a tornariam irrespirável. Mil exemplos o provam, pois abriram as portas para esses monstros muitas vezes, já faz algum tempo. Outra coisa é procurar sinais ou deixar a mancha de óleo se estender e aumentar na vigília. Felizmente, o sonho do vizinho nos entedia quando ele o conta e essa constatação nos impede de contar os nossos.

 O que é certo é que a curva do tempo por intermédio da qual a eternidade torna-se suportável não funciona no sonho como na vida. Alguma coisa dessa curva se desfaz no sonho. Graças a isso nossos limites mudam, se alargam. O passado e o futuro não existem mais, os mortos ressuscitam, os lugares se constroem sem arquiteto, sem viagens, sem esse peso lento que nos obriga a viver minuto a minuto o que a curva entreaberta nos mostra de uma vez. Além disso, a leveza profunda e atmosférica do sonho favorece encontros, surpresas, descobertas, uma naturalidade que o nosso mundo curvado (quero dizer projetado na superfície de uma curva) só pode atribuir ao sobrenatural. Digo naturalidade porque uma das características do sonho é que, nele, nada nos surpreende. Nós aceitamos sem tristeza de, no sonho, viver no meio de pessoas estrangeiras, completamente afastados dos nossos hábitos e dos nossos amigos. É o que nos consterna no espetáculo de um rosto que amamos e que dorme. Onde anda a figura que usa essa máscara? Onde se consome e com quem? Esse espetáculo do sono sempre me assustou mais que o sonho. Fiz dele estrofes do meu poema *Plain-Chant*.

Uma mulher dorme. Ela triunfa. Não precisa mentir. É uma mentira dos pés à cabeça. Não prestará nenhuma conta dos seus atos. Ela engana impunemente. Atenta a essa sem-vergonhice, ela entreabre os lábios, deixa seus membros flutuarem à deriva, onde eles quiserem. Não controla mais a sua atitude. Ela é o seu próprio álibi. Do que a recriminaria o homem que a observa? Ela está ali. Que necessidade Otelo tem daquele lenço? Que ele observe Desdêmona dormir. É o bastante para cometer um assassinato. É verdade que o ciumento nunca deixa de sê-lo e que ele exclamaria em seguida: "O que ela me faz entre mortos?".

Tirado do sono o sonho desbota. É uma planta submarina que morre fora da água. Ele morre nos meus lençóis. Seu reino me intriga. Admiro as suas fábulas. Aproveito-me dele para viver duplamente. Nunca uso isso.

O que ele me ensina é a amargura dos nossos limites. Desde Nerval, Ducasse, Rimbaud, o estudo sobre o seu mecanismo deu, frequentemente, ao poeta, o meio de vencê-los, de organizar nosso mundo de um modo diferente daquele a que nos obriga o bom senso, de embaralhar a ordem dos fatores à qual a razão nos condena, em suma, de tornar a poesia um veículo mais leve, mais rápido e mais novo.

Da leitura

Eu não sei ler, nem escrever. E quando o censo me pergunta, tenho vontade de responder que não.

Quem sabe escrever? Escrever é lutar com a tinta, para tentar fazer-se entender.

Ou se capricha demais ou não se capricha o bastante. Raramente encontra-se o meio termo que titubeia com graça. Ler é outro negócio. Eu leio. Acredito ler. Cada vez que releio, percebo que não li. É o problema de uma carta. Encontramos nela o que procuramos e nos contentamos com isso. Então, nós a guardamos. Se a reencontramos, ao relê-la é outra carta que lemos, uma que não havíamos lido.

Os livros nos pregam a mesma peça. Se eles não correspondem ao nosso humor do momento, não os consideramos bons. Se eles nos incomodam, os criticamos e essa crítica se sobrepõe a eles e nos impede de lê-los lealmente.

O que o leitor quer é se ler. Lendo o que aprova, ele pensa que poderia tê-lo escrito. Ele pode, inclusive, não gostar de o livro tomar o seu lugar, dizer o que ele não soube dizer e que, em sua opinião, ele diria melhor.

Quanto mais importante é um livro para nós, pior é a leitura que fazemos dele. Nossa substância se infiltra nele e o interpreta em nosso favor. É por isso que se eu quero ler e me convencer de que eu sei ler, leio livros nos quais a minha substância não penetra. Nas casas de saúde, onde passei longos períodos, eu lia o que me trazia a enfermeira ou o que me caía nas mãos por acaso. Eram livros de Paul Féval, de Maurice Leblanc, de Xavier Leroux e incontáveis livros de aventura ou livros policiais que faziam de mim um leitor atento e modesto. Ao mesmo tempo em *Rocambole*, *M. Lecoq*, *Le crime d'Orcival*, *Fantômas*, *Chéri-Bibi* me diziam "Você sabe ler", me falavam tão claramente na minha língua, que eu não conseguia não apreender alguma coisa, mesmo que inconscientemente, que o meu espírito não deixava de deformá-los conforme a medida do seu corpo. Isso é tão verdadeiro que, por exemplo, você ouve muitas vezes esta frase dita por um tuberculoso, falando do livro de Thomas Mann, *A montanha mágica*: "É um livro que não pode ser compreendido por quem nunca teve tuberculose". Ora, Thomas Mann o escreveu sem ser tuberculoso e justamente para tornar a tuberculose compreensível para aqueles que não conheciam a doença.

Nós somos todos doentes e sabemos ler apenas os livros que tratam da nossa doença. É o sucesso dos livros que tratam do amor, já que cada um de nós acredita ser o único a senti-lo. E pensa: "Este livro é endereçado a mim. O que os outros podem entender disso?". "Como este livro é bonito", diz a pessoa que eles amam, por quem eles acreditam ser amados e a quem eles se apressam para passar o livro. Mas ela o diz porque ama alhures.

Há de se perguntar se a função dos livros, mesmo que falem para convencer, não é a de escutar e aquiescer. Em Balzac o leitor encontra o seu alimento: "É o meu tio, se diz ele, é a minha tia, é o meu avô, é a Senhora X..., é a cidade onde eu nasci". Em Dostoiévski, o que diz ele? "É a minha febre e a minha violência, que os meus próximos nem suspeitam."

E o leitor acredita ler. O vidro sem estanho lhe simula um espelho fiel. Ele reconhece o que está por trás da cena. Como se parece com o que ele pensa! Como ela reflete essa imagem! Como os dois combinam. Como eles *refletem* bem.

Do mesmo modo, há nos museus alguns quadros com histórias, envoltos em histórias e que os outros quadros devem considerar com aversão (*Monalisa, O indiferente, O ângelus* de Millet, etc.), certos livros também tem histórias e o destino deles é diferente do destino dos outros livros, mesmo que sejam cem vezes mais bonitos.

Le grand Meaulnes é um desses livros. E um dos meus: *As crianças diabólicas* compartilha esse estranho privilégio. Aqueles que o leram e se leram nele tornaram-se, pelo fato de acreditarem viver a minha tinta, as vítimas de uma semelhança que eles queriam conservar. Disso resultava uma desordem artificial e a prática consciente de um estado das coisas que tem somente a inconsciência como desculpa. As cartas que me dizem: "Eu sou o seu livro", "Nós somos o seu livro" são inúmeras. A guerra, o pós-guerra, uma falta de liberdade que, à primeira vista, parece tornar certo estilo de vida impossível, não os desencorajam.

Ao escrever esse livro, na clínica de Saint-Cloud, eu me inspirava um pouco nos meus amigos, irmão e irmã, que eu acreditava serem os únicos a viver daquele jeito. Eu não esperava muita coisa dele, em virtude do que exponho. Quem, eu pensava, se lerá nesse livro?

Nem mesmo aqueles de quem eu me ocupo, já que o seu charme está em não saber o que eles são. Na verdade, eles foram, pelo que sei, os únicos que não se reconheceram. Pois, dos seus semelhantes, se eles existem, eu nunca saberei nada. Esse livro se tornou o breviário dos mitômanos e daqueles que querem sonhar de pé.

Thomas, o impostor é uma história, mas é um livro que não inventa histórias. Durante a libertação, ele quase entrou no ritmo de *As crianças diabólicas*. Muitos jovens mitômanos perdiam a cabeça, se fantasiavam, mudavam de nome e se consideravam heróis. Seus companheiros os chamavam de *Thomas, o impostor* e me contavam suas façanhas, quando não eram eles mesmos que se encarregavam disso. Mas, são raros os mitômanos que se solidarizam com suas fábulas. Os outros não gostam que os desmascaremos. De resto, é muito simples. Um livro cria histórias imediatamente ou jamais criará. *Thomas, o impostor* nunca conhecerá o sucesso de *As crianças diabólicas*. O que faria um mitômano de um mitômano? É como um inglês que faz o papel de inglês.

A morte de Thomas de Fontenoy é mitológica. Uma criança brinca de ser cavalo e se torna cavalo. Um mitômano lê *As crianças diabólicas*. Ele brinca de ser cavalo e acredita ser um cavalo.

Da medida

Talvez eu saiba até onde eu posso ir longe demais. Mas é um senso da medida. Eu o possuo pouquíssimo. Antes o do equilíbrio, do qual me vanglorio, pois ele deve ser somente a destreza do sonâmbulo a se mover na beirada dos telhados. Ele me solta se me acordam ou se me desperto sozinho, por tolice, o que me acontece. Não é desse senso que falo. Falo do senso das medidas que me intriga porque ele se aparenta aos métodos que esse livro aborda, métodos que eu constato sem esclarecê-los. Eu ignoro o mundo dos números. Eles são, para mim, uma língua morta e não os compreendo mais do que entendo hebraico. Eu conto com os dedos. Se for preciso fazer uma conta em uma folha de papel, me perco. Todo cálculo me surpreende. As medidas de que disponho se resolvem fantasticamente em mim. Eu nunca cronometro. Nunca conto as minhas linhas, jamais as minhas páginas, menos ainda as minhas palavras. Quando escrevo uma peça, o ato me inflige o seu clímax. Eu sofro um pouco com o desfecho. Um clique me anuncia que é o fim. Ainda não me aconteceu de dizer: "Está curto demais?". É o que é. Não posso julgar. Normalmente, acontece de ser como é preciso.

Um filme, para ser comercializado, deve ter pelo menos dois mil e quatrocentos metros. A medida não é boa. Ela é longa demais para corresponder ao gênero conto. Curta demais para corresponder ao romance. Não importa. É a medida. Precisamos nos ater a isso. Enquanto eu filmava *A Bela e a Fera*, essa era a maior preocupação da nossa produção: seria curto demais. Não adiantava eu responder pelos meus métodos particulares, os números me contradiziam e eles são a lei. O filme se encurtava. As figuras se alongavam. Eu continuava o meu trabalho, no meu ritmo.

Um filme é composto de longas e de breves. É um ritmo interno. Os números não conhecem esse ritmo. A conta do contador estava certa. A minha também.[11] Quando, no último dia, eu interroguei a minha continuísta sobre a balança entre o papel (que é uma coisa) e o agir (que é outra), ela me respondeu, estupefata, que eu tinha quase chegado ao ponto esperado. Sobravam-me dois rolos de reserva. Ora, sem saber, na véspera, eu havia decidido filmar mais duas cenas. Havia o tempo do filme, ao qual eu me recusei a colocar um acréscimo. De uma ponta à outra, decupado, cortado, recortado, ele tinha dois mil e quatrocentos metros. Nenhum a mais, nenhum a menos.

Se eu conto essa história na qual pareço ser o bom, é para dar um exemplo, tirado da realidade, de uma vitória desses números, que nos habitam e cujo cálculo se faz sozinho, contra a aritmética. A poesia é somente números, álgebra, geometria, operações e provas. Só que nem esses números, nem essas provas se veem.

---

[11] Dois mais dois são quatro? Gustave de Rothschild dizia: "Dois mais dois são vinte e dois". E duas cadeiras mais duas maçãs não são quatro. (N.A.)

As únicas provas de que podem dar os poetas são as que eu menciono. A contabilidade as atribui a alguma sorte diabólica. A Inquisição nos teria feito pagar caro por elas.

Obra longa pode não ser longa. Obra pequena pode ser grande. As medidas que as regem seguem o nosso cálculo. *Adolphe* é um grande livro. Proust é curto.

Na casa de Proust, no Boulevard Haussmann, os números que eu oponho aos dos matemáticos se tornavam uma evidência. Era uma colmeia. Podia-se acompanhar o trabalho desses números sob uma placa de vidro. Podia-se quase tocá-los com o dedo. A guarita de cortiça atrás do quarto de cobre, a mesa coberta de frascos, um teatrofone (aparelho que permite escutar alguns teatros), uma pilha de cadernos de escola e, como sobre os outros móveis, uma camada de poeira que não se espanava, o lustre coberto com lustrina, a mesa de ébano onde, na sombra, se empilham as fotografias de cocotes, duquesas, duques e valetes de grande casa, a lareira com espelho apagada, capas, capas e aquela poeira, e aquele odor de pó antiasma, odor de sepulcro, todo aquele quarto de Jules Verne era um *Nautilus* lotado de aparelhos de precisão para calcular nossas cifras, nossos números, nossas medidas e onde se tornava fatal ver aparecer o capitão Nemo em pessoa: Marcel Proust, magro, exangue, com a barba de Carnot morto.

Aquela barba preta de califa, Proust a deixava e tirava tão rapidamente quanto esses fantasistas que, no interior, imitam os homens de Estado e os chefes de orquestra. Nós o conhecemos barbudo, nós o vimos imberbe, tal como Jacques-Émile Blanche o representa, uma orquídea na botoeira e o rosto como um ovo.

Falávamos uma noite de Marcel Proust na frente do meu secretário que conhecia pouco o homem e a obra. "O seu Proust, disse ele, de repente, me faz pensar no irmão da sequestrada de Poitiers." Fala surpreendente. Ela abre uma porta no apartamento do Boulevard Haussmann. Vemos aquele irmão, seus grandes olhos vagos, seu bigode de policial, seu colarinho engomado, seu chapéu coco; ele entra nos aposentos da sua irmã e com uma voz de ogro, anunciando um cerimonial: "Hô! Hô! Isso vai de mal a pior". Deve ter sido essa frase dita e repetida que a pobre garota deformou em seu sonho e tornou-se Malapió. Como não pensar naquele "bom grande antro querido", "naquela querida caverninha", dentro do quarto fechado, onde Proust, na sua cama, nos recebe vestido com colarinho e luvas, engravatado, aterrorizado com a possibilidade de um perfume, de um vento, de uma janela entreaberta, de um raio de sol. "Caro Jean, ele me perguntava, você não pegou na mão de uma senhora que teria tocado uma rosa? – Não, Marcel. – Você tem certeza?" E meio sério, meio brincando, ele explicava que a frase de *Pelléas* em que o vento passou sobre o mar bastava para lhe provocar uma crise de asma.

    Deitado rigidamente e de viés, não entre as conchas de ostras da sequestrada, mas em um sarcófago de detritos de almas, de paisagens, de tudo o que não pôde ser-lhe útil em Balbec, Combray, Méséglise, na condessa de Chevigné, o conde Greffhule, Haas e Robert de Montesquiou, resumindo, tal como nós admiramos depois, pela última vez, seus despojos ao lado da pilha de cadernos da sua obra que continuava a viver à sua esquerda como o relógio de pulso dos soldados mortos, Marcel Proust nos lia, toda noite, *No caminho de Swann*.

    Essas sessões acrescentavam à desordem pestilenta do quarto um caos de perspectivas, pois Proust lia qualquer trecho, se enganava de página, se atropelava, recomeçava, se interrompia para nos explicar que um sinal com o chapéu do primeiro capítulo encontraria o seu sentido no último volume, e ele gargalhava tampando a boca com a sua mão enluvada, um riso que lhe borrava a barba e as bochechas. "É bobo demais, repetia ele, não... não leio mais. É muito bobo." Sua voz se tornava novamente um resmungo longínquo, uma chorosa música de desculpas, de delicadezas, de remorsos. "Era bobo demais. Ele tinha vergonha de nos fazer escutar coisas tão bobas. A culpa era dele. Aliás, ele não podia reler o seu texto. Nunca deveria ter começado a ler..." E quando nós havíamos decidido prosseguir, ele estendia o braço, tirava uma folha qualquer do seu livro mágico e caíamos exatamente nos Guermantes ou nos Verdurin. Ao final de cinquenta linhas, ele recomeçava a sua manobra. Gemia, gargalhava, se desculpava por ler tão mal. Às vezes, ele se levantava, tirava um casaquinho, passava a mão nas mechas pretas que ele mesmo cortava e que caíam sobre o seu colarinho engomado. Ele ia a um toucador cuja iluminação lívida se recortava sobre a parede. Então, o víamos em pé, em mangas de camisa, colete violeta em um torso de boneco mecânico, segurando um prato com uma mão, um garfo com a outra, comendo macarrão.

Não espere que eu siga Proust nos seus passeios noturnos e que eu os conte. Saiba que esses passeios aconteciam em um carro de aluguel de Albaret, marido de Celeste, verdadeiro fiacre noturno de *Fantômas*. Desses passeios, dos quais ele volta de manhãzinha, pálido, com olheiras, sua peliça, um litro de água Évian saindo do bolso, sua franja preta na testa, uma das suas botinas com botões desabotoados, seu chapéu coco na mão, como o espectro de Sacher Masoch, Proust trazia números e cálculos que lhe permitissem construir uma catedral no seu quarto e plantar rosas-caninas.

O fiacre de Albaret tomava um aspecto muito funesto durante o dia. As saídas diurnas de Proust aconteciam uma ou duas vezes no ano. Fizemos uma juntos. Era para ver os quadros de Gustave Moreau na casa da Senhora Ayen e, em seguida, no Louvre, o *São Sebastião* de Mantegna e *O banho turco* de Ingres.

Voltemos às medidas. Demoro-me em desenhar Proust, porque ele ilustra bem a minha tese. Com que se parece a sua letra em folhas de caderno de escola que todos os membros da *Nouvelle Revue Française* consolidavam, recortavam, colavam, se esforçavam para decifrar, na Rua Madame? Com cifras, como indica a palavra decifrar.

De tanto somar, multiplicar, dividir no tempo e no espaço, Proust termina a sua obra com a mais simples prova dos nove. Ele reencontra os números da operação do início da sua obra. E é assim que ele me cativa.

Pois, suas intrigas perderam charme, seus Verdurin um pouco da graça, Charlus um pouco da sua veia trágica, suas duquesas o prestígio das Senhoras de Maufrigneuse e de Espars. Mas, a estrutura das suas medidas continua intacta. Elas se emaranham, isentas de anedotas. Tornam-se a obra. Elas são uma estrutura à qual o monumento se ajusta.

Swann, Odette, Gilberte, Albertine, Oriane, Vinteuil, Elstir, Françoise, Madame de Villeparisis, Charlus, a rainha de Nápole, os Verdurin, Cottard, Morel, Rachel, Saint-Loup, a Berma, o que querem de mim esses fantoches? Eu toco a estrutura que os liga, os pontos dos seus encontros, a fina renda dos seus trajetos. Impressiona-me mais o emaranhado dos órgãos que o dos sentimentos, o entrelaçado das veias do que os músculos. Eu tenho o olhar de um carpinteiro sobre o cadafalso do rei. O tablado me interessa mais do que o suplício.

Das casas assombradas

Não assombra a sua casa quem quer. É um caso para tempestade e incêndio. Eu conheci épocas em que a minha não me queria. Ela me recusava ajuda. As paredes não se impregnavam de nada. Faltavam-lhes as grandes sombras do fogo, os reflexos da água. Quanto mais a minha casa se esvaziava de mim, mais eu me esvaziava dela. Essa falta de troca produzia uma platitude. Não éramos mais capazes de armadilha. Sem armadilha, sem caça. É como viver de mãos abanando. Meus amigos o sentiam. Recuavam como as paredes. Eu precisava esperar que os eflúvios voltassem, se contrariassem, formassem uma mistura explosiva que faz flambarem as nossas moradas. Pois elas nos imitam e nos devolvem somente o que lhes damos. Mas esse eco fala e obriga ao diálogo.

De todos os meus domicílios, o mais assombrado foi o da Rua Vignon. Ele ficava quase na esquina da Praça da Madeleine, no último andar, e não parecia muito agradável. Mas havia onda e fogo. Eu não poderia descrevê-lo. O seu vazio era cheio. Móveis, objetos chegaram lá espontaneamente. Não os percebíamos. O que víamos era esse vazio, um sótão vazio, uma lixeira vazia, um vazio cheio até a borda. Os fantasmas faziam fila para entrar.

Era um empurra-empurra. Não flutuavam de maneira alguma. Uma multidão de sombras nos escorava. A maior parte do bando ocupava o meu quarto. O resto acampava até no vestíbulo e na escada. Lado a lado. Em pilhas, em cachos. Estes no chão, aqueles nas paredes ou no teto. Seu tumulto era silencioso. O visitante gostava do quarto. Ele não percebia nada de insólito, exceto o todo. Esse todo o confortava, o assentava, o desatava, o separava do exterior. Essa gente do invisível dependia de mim. Eles se encarregavam do serviço, esquentavam o drama até o ponto certo. Alguns dramas atrozes eclodiam. O vazio fazia, então, tal rebuliço que nós nos agarrávamos em algum destroço. Mas, meu bando entrava em cena, abafava as chamas, pisoteava as brasas.

E a calma, uma vez recobrada, parecia Fedra, sentada na sua poltrona.

Uma canção de Marlene Dietrich tocava com frequência naquele quarto. Aquela que começa com *"Leben ohne Liebe kannst du nicht"*. Ultimamente, eu jantava à sua mesa. Eu lhe pedi, então, ela a cantou para mim. O restaurante se transformou no meu quarto. Ele se esvaziou, se glorificou. E os velhos fantasmas apareceram. E os mortos saíram dos seus túmulos.

Além desse meu quarto e o do Proust, e o do Picasso, na Rua Schoelcher, que dava para o cemitério de Montparnasse e cujo vazio era habitado por uma multidão de objetos e de figuras, eu conheci casas assombradas, onde fantasmas não atuavam. Elas eram assombradas pela graciosa loucura dos seus proprietários. Seu vazio era preenchido por outro tipo de vazio: o da obsessão pelo vazio e de uma necessidade doentia de sair dele. A decoração ocupava um lugar importante e a aparência insólita dessas casas provinha mais da presença das coisas do que da sua invisibilidade.

O bom gosto nunca produz desses monstros e se Edgar Poe fosse arranjar uma casa, não há nenhuma dúvida de que em vez de ser construída como uma típica casa de campo, ela teria o estilo da Casa de Usher.

Feiura por feiura, eu sempre preferi ao bom gosto que me deprime o mau gosto violento dessas mulheres que são atrizes sem teatro, atrizes trágicas sem tragédia, cujo físico se predispõe à extravagância. É o caso da imperatriz Élisabeth da Áustria, de Rachel que, quando ficou muito doente não atuou mais. Então, os sonhos dessas grandes damas à procura de ação dramática se materializam e se tornam cenário. Uma se consome no gótico inglês, em trapézios, colunas, modelagens de gesso, a outra em cavernas e monogramas, em camas atormentadas e em volutas que antecedem o *modern-style*,[12] em um casamento curioso da Grécia com a Sinagoga, do rosto de Antínuo com o perfil judeu.

A marquesa Casati possuía uma casa assombrada. Ela não o era antes de ser sua. Era o antigo Palácio Rosa do conde Robert de Montesquiou.[13] O conde de Montesquiou aspirava à obsessão. Orgulhoso, inflexível em suas prerrogativas, esse homem que quis que Maomé e a montanha fossem até ele corria atrás desse mau gosto extremo, o qual rejeitava as suas investidas. Suas luvas lilases, sua cesta de hortênsias, seus ares de mistério e de soberba, o afugentavam. Acreditava ele seduzi-lo ou se

---

[12] Cocteau usa, aqui, o termo inglês *modern-style* que corresponde ao estilo *Art nouveau*. (N.T., grifo nosso.)

[13] Em Le Véniset. (N.E.F.)

dava conta de que seus esforços eram em vão? Ele morreu amargo e a sua casa se tornou a da marquesa.

Luisa Casati era, outrora, morena. Alta, ossuda, sua postura, seus grandes olhos e seus dentes de cavalo de corrida, seu jeito tímido não correspondiam ao tipo convencional das belezas italianas da época. Ela surpreendia. Ela não agradava.

Um dia, ela decidiu levar as suas características ao extremo. Não se tratava mais de agradar, de desagradar, nem de surpreender. Tratava-se de estupeficar. Ela saiu do seu toucador como de um camarim. Ela estava ruiva. As mechas se eriçavam e se retorciam em volta de uma cabeça de Górgona tão pintada que seus olhos, sua boca de dentes fortes, borrados de preto e de vermelho, desviavam instantaneamente o olhar dos homens das outras bocas e dos outros olhos. E os homens percebiam que eles eram bonitos. Não diziam mais: "Ela é uma qualquer". Eles se diziam: "Que pena que uma mulher tão bonita se lambuze dessa maneira".

Eu suponho que seus vestidos também tenham sido objeto de um longo estudo. Semelhante à estátua de Ísis Casati que decorava uma sala do Palácio Rosa e que nós vimos em 1945 na casa de José-Maria Sert, ela estava enrolada em tecidos de ouro.

Eu penso em Georgette Leblanc, com suas caudas de ouro e suas casulas, subindo as encostas de bicicleta, atrás de Maurice Maerterlinck. Mulheres ingênuas, máquinas de coragem, maravilhosas, vocês gostavam do ouro em seus tecidos. Vocês nunca guardavam um tostão.

Uma vez que ela saiu do seu camarim, ao entrar em cena, a marquesa Casati ganhou aplausos como se fosse uma atriz trágica ilustre. Faltava encenar a peça. Não havia peça. Foi o seu drama e o porquê da sua casa ter se tornado assombrada. Era preciso preencher o vazio a qualquer custo, nunca parar um minuto de levantar e baixar o pano a qualquer surpresa: um chifre de unicórnio, macacos travestidos, um tigre mecânico, uma jiboia. Os macacos pegavam tuberculose. O chifre do unicórnio se revestia de poeira. O tigre mecânico era comido por cupim, a jiboia morria. Esse bricabraque funesto desafiava o ridículo. Ele não lhe dava espaço, reinava na casa do conde de Montesquiou. É que a intensidade se paga caro, até mesmo em um mundo frívolo. Montesquiou colecionava a intensidade dos outros e nisso também ele se enganava de endereço. Como eu não pensaria na cena final de *A menina dos olhos de ouro*? Semelhante à marquesa de San Réal, a marquesa Casati, no meio do sangue dos objetos e dos animais vítimas do seu sonho, se acrescenta preto e vermelho, se fantasia, anda em círculo.

Que estas linhas lhe sejam uma homenagem. Eu vislumbro que onde ela esteja, ela carrega, enfiada entre os ombros, a faca da imperatriz Élisabeth.

Para que uma casa seja assombrada, é preciso engajamento. A marquesa era engajada à sua maneira. O conde de Montesquiou não. Pois, pode-se engajar em todos os níveis da escala. De alto a baixo.

Sartre levantou uma grande lebre. Mas, por que ele se limita ao engajamento visível? O invisível alcança mais longe. É excluir os poetas, os quais não se engajam a nenhuma causa além de perder. Os meus detratores reconhecem em mim uma liberdade que me compromete – com caminhos falsos. Eu sei em que eles pensam. No ópio, nas batidas policiais etc. O que fazem o ópio e as batidas policiais nessa história? Nosso engajamento é coisa da alma. Ele consiste em não se reservar uma polegada de conforto.

O *Hotel Welcome*, em Villefranche, era um hotel assombrado. É verdade que nós o assombramos, pois nada o predispunha a isso. Havia sim a rua coberta. Havia sim as muralhas de Vauban e a caserna que, à noite, evoca as absurdas magnificências do sonho. Sim, havia, à esquerda, Nice, à direita, Monte-Carlo e suas arquiteturas dissimuladas. Mas o *Hotel Welcome* era simplesmente encantador e parecia não ter nada a temer. Seus quartos eram pintados com *ripolin*.[14] Haviam passado uma camada de pintura amarela sobre os trompe-l'oeil à italiana da sua fachada. O golfo abrigava as esquadras. Os pescadores remendavam as redes e dormiam ao sol.

Tudo começou com Francis Rose. A mãe dele era vidente. Na sala de jantar, ela se empertigava atrás da sua mesa, se aproximava de um senhor ou de uma senhora e lhes dizia o futuro. Ela usava vestidos de tela sobre os quais Francis pintava flores. Ele ia fazer dezessete anos. Tudo isso data do jantar dos seus dezessete anos. Haviam reservado para mim uma poltrona de veludo vermelho, na ponta da mesa, e colocado diante do meu prato um busto de Dante. Lady Rose tinha convidado somente alguns militares ingleses e suas esposas. Por volta das oito horas, um estranho cortejo apareceu ao pé da encosta que leva da cidade ao porto. Coroado com rosas, Francis estava de braços dados com a Senhora Isadora Duncan, em túnica grega. Ela estava muito gorda, um pouco bêbada, escoltada por uma americana, um pianista e algumas pessoas recolhidas pelo caminho. A estupefação dos convidados de Lady Rose, a cólera dela, a entrada do cortejo,

---

[14] Nome de uma marca de tinta a óleo. (N.T., grifo nosso.)

os pescadores que se esborrachavam nas vidraças, Isadora que me beijava, Francis todo orgulhoso da sua coroa, eis que assim começa esse jantar de aniversário. Um silêncio sepulcral congelava os convivas. Isadora ria, se recostava em Francis. Ao se levantar, ela o arrastou até o vão de uma janela. Foi aí que o capitão Williams, amigo de Rose, entrou em cena. Ele costumava tirar pombos e coelhos das mangas. Ele bebia muito. Suponho que ele tinha bebido muito. Ele segurava uma bengala. Ele atravessou a sala, se aproximou da janela e, exclamando bem alto: "Vamos, sua velha, largue esta criança", ele quebrou sua bengala na cabeça da dançarina. Ela desmaiou. Tudo data desse golpe de bengala. Nossos quartos se tornaram, como em *O sangue de um poeta*, camarotes de teatro de onde assistíamos, desde então, ao espetáculo das batalhas entre os marinheiros das unidades francesas, inglesas e americanas. Christian Bérard, Georges Hugnet, Glenway Wescott, Mary Butts, Monroe Wheeler, Philippe Lassell moraram no hotel. Desenhamos, inventamos, nos visitamos de quarto em quarto. Nascia uma mitologia cujo estilo se resume em *Orfeu*. Stravinsky morava em Mont Boron. Na medida em que eu lhe levava os textos latinos de *Oedipus Rex*, ele compunha o oratório. O hotel se povoava desses invisíveis que vêm quando querem e nos vigiam. Eles instalaram ali o drama, a vertigem, o fogo sagrado.

Disseram-me que do *Hotel Welcome* restam apenas as paredes.[15] É o triunfo final do vazio. Provavelmente, o reconstruirão. Mas, que os viajantes tomem cuidado. As bombas não matam os fantasmas. Ele é assombrado.

---

[15] Inexato. (N.E.F.)

Da dor

Seria lógico suportar melhor as dores quando se é jovem, já que se tem diante de si o tempo e a esperança de se curar. Ora, as dores da minha juventude me davam mais impaciência do que sinto agora. Entretanto, eu deveria me dizer que não tenho mais muita margem e que se essas dores se prolongarem, haverá o risco de eu nunca me livrar delas. Eu constato que a minha idade é menos boba do que a da minha juventude e que não é por resignação ou cansaço que eu suporto melhor os meus males, mas por equilíbrio. E também, talvez, por não ter mais tempo a perder, eu me digo que é preciso superar a dor e empreender os trabalhos dos quais ela tenta me privar. Talvez ainda, não fazendo mais uso da minha pessoa do que da minha alma, a degradação física me afeta menos. Ocorre que há seis meses, eu sofro cada minuto, vejo a dor tomar todas as formas, frustrar a medicina e continuo alerta e corajoso. Escrever estas linhas me alivia. Acontece que se eu libero as lembranças, ainda que este livro me aconselhe freá-las, esqueço completamente minha dor e acredito viver, não no quarto onde trabalho, mas no lugar e na época que descrevo.

É de se perguntar, já que o trabalho nos ocupa e que não somos responsáveis por ele, se não é um reflexo defensivo contra a dor que me força a escrever este livro.

Gosto das pessoas cuja juventude anuncia a velhice e cuja estrutura permite perceber a aparência que elas terão um dia. A vida as esculpe e as aperfeiçoa. De esboço elas se tornam o que devem ser e se fixam solidamente. Eu não tive essa sorte. Em mim, a juventude se estica. Ela se estraga e se fixa mal. Disso resulta que tenho a aparência de um jovem perdido na velhice ou de um velho perdido em uma idade que não é mais a sua. Algumas pessoas podem acreditar que eu me obstino. Longe de mim. Se é bonito que um jovem seja jovem, é bonito que um velho seja velho. Além disso, a juventude deve aparecer na fala e no olhar. O que me incomoda é essa falsa juventude que me leva a ter comportamentos dos quais eu não sou culpado, já que eu detesto a afetação e se eu controlasse os meus atos, desempenharia um papel de velho. Não ouso confessar aqui, ainda que eu decida dizer tudo, a ingenuidade que me trava e me empurra na direção dos erros que uma pessoa da minha idade não cometeria jamais. Eu não sei nada do mundo. A menor das ciências me considera imbecil, e se meu nome me obriga a participar das conferências dos meus colegas, tenho vergonha da minha inaptidão para compreender o que se diz ali. Estranho velho que fecha os olhos, balança a cabeça, finge acompanhar as falas e repete para si mesmo: "Eu sou o pior aluno do colégio". Rabisco na minha carteira. Os outros pensam que eu me aplico. Eu não faço nada.

Eu tiro da dor um benefício: sem parar ela me chama a atenção. Os longos momentos em que eu não pensava em coisa alguma, deixando navegar em mim apenas as palavras: coisa, lâmpada, porta, ou outros objetos pelos quais passeavam os meus olhos, esses longos momentos de nada não existem mais. A dor me assedia e eu devo pensar para me distrair. É o inverso de Descartes. Eu existo, logo penso. Sem a dor eu não existiria.

Qual é o fim do meu suplício? Vou vivê-lo até o fim? Vou sobreviver? Não são as misérias da idade que começam? Esses fenômenos são acidentais ou normais? É também o que me salva da revolta, e me faz ter paciência com a minha dor. Ao meu ridículo, não quero acrescentar o de pensar que sou um jovem, prematuramente atingido.

É possível que eu acorde um belo dia sem sofrer de algum membro e que eu me engane completamente nos meus prognósticos. Será melhor assim, mas eu prefiro ser pessimista. Sempre fui, por otimismo. Eu esperava demais para não me precaver contra uma decepção.

Os médicos me haviam prescrito a montanha, a neve. É, diziam eles, o único tratamento eficaz. Meus micróbios desapareceriam como por encantamento. Não acreditei neles. Esses micróbios, sejam eles do reino animal ou vegetal, estão tão longe de mim quanto os astros. Eu os sinto. Eles não me conhecem. Eu não os conheço muito e o microscópio me inspeciona, sem compreendê-los, como o telescópio inspeciona o céu. Eles parecem, ao contrário, gostar da altitude e da neve. Já notei isso. Agrada-lhes que eu respire, que eu durma, que eu coma, que eu ande, que eu engorde. Eles vivem de mim. Eu sou o deus que eles atormentam e Marcel Jouhandeau tem razão de dizer que os homens fazem Deus sofrer. Às vezes eu me digo: "Deus nos pensa. Ele não pensa em nós". E meus micróbios se agitam. E eu sofro. Penso nisso e me digo que Deus sofre através dos seus mundos. Que ele sofrerá eternamente.

Eu posso dormir, doente. O sono me anestesia. Ao despertar, acredito não mais sofrer. Isso dura um relâmpago. Outro relâmpago me devolve a dor. Essa noite, a dor era tão forte que o sono não funcionava. Os micróbios devoravam minha mão direita. Quando eu tocava o meu rosto, eu encontrava uma máscara de crosta sob a qual eles vivem e irradiam a toda velocidade. Eles acabam de chegar ao meu peito. Nele, inscrevem essa constelação vermelha que conheço bem. Eu me pergunto se o sol não exaspera esse povo da sombra e se o dia ensolarado de ontem não tem a ver com esse acesso. Que caça exaustiva! Que animal rápido! Os médicos me aconselham armas que não matam. Pomadas, alcoóis, vacinas. Renuncio. Provavelmente, é preciso a morte, quer dizer, um fim do mundo.

Além da dor, o que me aflige é a escala dessas criaturas em relação a mim. Eu gostaria de saber o que duram os seus séculos, quantas gerações se sucedem em um deles, se elas vivem em um reino ou em uma república, seus meios de transporte, seus prazeres, o estilo das suas construções, a base dos seus trabalhos. É insuportável ser o habitat de uma tribo cujos costumes ignoramos. Por que eles trabalham, nesta noite, entre os dedos da minha mão direita? Por que, nesta manhã, eles a deixam tranquila e lavram o meu peito, tão prodigiosamente longe dos meus dedos? Tantos enigmas do qual sou o objeto e que me revelam a minha ignorância. Nesta noite, eu era, talvez, o lugar de uma guerra dos Cem Anos. Uma única guerra se faz no mundo. O mundo a toma por várias.

As pausas lhe parecem ser o estado normal do homem, isto é, a paz. É provável que seja a mesma coisa para os meus micróbios, que as minhas crises sejam longas guerras e os curtos períodos em que eles se repousam, a paz. O que me faz julgar que é sempre a guerra. Para eles, são várias guerras sem relação umas com as outras e entrecortadas por vários períodos de paz.

Nesta noite, eu sofria tanto que para me distrair da minha dor, havia apenas a minha dor. Era preciso fazer dela a minha única diversão, e com razão. Ela havia decidido assim. Atacava todos os pontos. Em seguida, distribuía as suas tropas. E acampava. Ela se organizou para não ser mais intolerável em uma única das suas posições, mas tolerável em todas. Ou seja, que o intolerável sendo distribuído, apenas pelo seu exemplo ele não se tornava mais intolerável. Era algo tolerável e intolerável. O órgão que enguiça e o acorde final que não para mais. Uma dor larga, plena, rica, autoconfiante. Um equilíbrio da dor ao qual era preciso que eu me habituasse a todo custo.

Meu estudo tornou-se, então, me aplicar pouco a pouco a essa dor. A menor revolta representava um risco de exaltá-la e de dobrar a sua cólera. Era preciso que eu aceitasse como um privilégio a sua vitória, as suas equipes, trincheiras, barracas, os seus campos, seus dorminhocos, seus fogos.

Por volta das nove horas, ela terminou os seus preparativos: cortejo e movimentos estratégicos. Às dez, tudo estava em ordem. Ela dominava.

Nesta manhã, ela parece fazer questão dessa manobra de descanso. Mas o sol se mostra, pela primeira vez, desde que moro na montanha. O que fazer? Devo evitar esse sol ou usá-lo como uma arma secreta contra o exército adormecido? Devo surpreendê-lo? Devo deixá-lo dormir?

No último sol eu arrisquei o ataque. É verdade que o povo dos micróbios se movimentava. Ele teve medo do céu vermelho que pressinto para a sua noite? Houve uma desordem horrível nas estradas, atropelo de homens, animais que se rebelam. A dor mudava de lugar, tornava-se intensa, deixava de sê-lo, voava para outra parte. Meus olhos inchavam, se enrugavam, formavam bolsas. Debaixo dos meus braços toda uma tribo parecia procurar refúgio.

A medicina continua impotente diante desses problemas. É preciso sofrer até que os guerreiros se matem, até que a raça se esgote, até que restem apenas escombros. Não mais que entre os homens, não existe remédio para essa vertigem de destruição.

O que me surpreende é a prontidão com que as minhas tropas se movem de uma ponta à outra da Europa. O que digo? Da lua à terra, da terra a Marte.

Se os micróbios não procurassem apenas se alimentar do meu corpo, eles cultivariam suas fazendas e não ficariam nervosos. Então, é preciso acreditar que eles conhecem os ódios do patriotismo, o orgulho das grandes potências, o delírio do espaço vital, do desemprego, dos trustes petroleiros, da hegemonia. É impossível que eu me impeça de observar as relações entre as ameaças relatadas nos jornais de 1946 e os distúrbios para os quais eu sou o universo. Eu falava de Deus. Sem ir até ele, eu tenho pena do mundo se ele passa pelo que estou passando, se for preciso que ele sofra uma retomada do mal, no momento em que ele esperava o repouso.

Ontem à noite e, provavelmente, por causa do sol que tomei, a carapaça da minha testa começou a escorrer, uma serosidade a envernizava, a engordurava e se eu a estancava, escorria ainda mais.

Em seguida, o meu pescoço começou a escorrer, do mesmo jeito. Nesta noite, tudo escorreu, se cobrindo com uma crosta de folículos, quando secava. Meus olhos inchavam em cima e embaixo, até não mais verem e a pele do meu rosto queimava como se eu tivesse sido vítima de uma labareda.

Esses fenômenos me mantiveram acordado toda a noite e em um desconforto em que eu não sabia o que era preciso fazer.

Nesta manhã, tenho o rosto ainda dourado pelo sol, mas ele parece salpicado de amarelo e, embaixo dos meus olhos, rugas profundas formam bolsas de um canto ao outro.

Além disso, minha mão direita me torturava entre os dedos. Minhas axilas não me deixavam tranquilo.

Tenho, no pescoço, um machucado que goteja. Eis o programa do desastre. Eu riria disso, se o incompreensível e até mesmo o milagre não me dessem sempre um nojo que me faz virar o rosto. Tudo isso não impede que eu vá melhor, que eu aproveite da altitude e da comida que é excelente neste hotel. Micróbios ou não, essa máquina de parasitas se entranha entre a derme e a epiderme, na superfície, me desfigura, me atormenta e não penetra. É, ao menos, o estado que eu constato, pois se eles penetrassem, eu nem imagino os estragos que provocariam no organismo.

Ontem, apesar dessa balbúrdia, eu escrevi alguns poemas. Salvo *La Crucifixion* que eu deveria ter escrito há muito tempo e que estava, de alguma maneira, todo escrito em mim, eu não me sentia convidado a fazê-lo. E, quem leu esse livro sabe que eu me privo de forçar o destino. Então, ontem, eu tive a surpresa da urgência de escrever e de não poder escapar disso. O mecanismo funcionava facilmente e o mais difícil, pois ele se organizava (eu me abstive de influenciar essa inspiração) em falsas rimas internas, indo, às vezes, do fim de uma palavra ao começo de outra, com sonoridades quase inaudíveis, singularidades muito vivas e regularidades provavelmente adequadas para ressaltá-las. Esses poemas tratavam da neve, cujo espetáculo eu vejo, mas sob uma forma alusiva em que quase não a percebemos.

Por volta das sete horas, em plena crise de pele, eu tentei distrair-me e prosseguir na minha colheita. O mecanismo não funcionava mais e até me menosprezava, obrigando-me a imitá-lo de maneira medíocre. Fiquei quieto e não fui além.

Ao reler esses poemas, eu me surpreendo com a sua total ruptura como *La Crucifixion*. Estrofes um pouco pedantes, no sentido em que eu procuro, ou acredito procurar, ou que me ditam, uma escrita pesada, um exercício punitivo, por me ter deixado envolver demais com o cinematógrafo e outros jogos da mente.

Eu nunca me canso de examinar o fenômeno no qual nós temos uma aparência tão livre e, falando honestamente, sem sombra de liberdade. Essa sombra existe apesar de tudo. Ela nos esconde pela metade o nosso trabalho. Ela nos vigia. Coloca-nos em equilíbrio entre ela e a luz, e a palavra penumbra lhe cairia melhor. Enquanto a examino (ou me examino), eu sofro. Esse sofrimento me cinzela há sete meses como um ourives trabalha uma joia. Diriam que ele precisa do seu trabalho. Ele me fez um favor. Eu me agitava, logo eu dormia. Um homem como eu só se agita assim em sonho. Teatro, desenhos, filmes foram os meus pretextos para esse rebuliço em que a alma entra em um turbilhão e não para mais. Eu sacudia a minha garrafa. O suficiente para estragar o vinho.

 O sofrimento me freou. Não adiantava eu me esforçar para vencê-lo pelo cansaço e pelo turbilhonamento, um dia ele nos manda calarmo-nos e ficarmos quietos. No hospital, eu não tinha, ainda, aberto os olhos para isso. Os poemas sobre a neve, este livro no qual eu me conto, estes papéis escurecidos, este quarto estudioso no lugar do vazio a que eu me deveria obrigar (a medicina recomenda: não pense em nada) se parecem com alguns bons pontos de silêncio. É assim que eu os interpreto. É a única forma do "pensar em nada" que me convém. Diante da bruma destes Alpes, eu me assusto de ter arriscado outra forma. A que os doutores prescrevem.

Da morte

Eu atravessei períodos tão insuportáveis que a morte me parecia algo delicioso. Peguei o hábito de não a temer e de observá-la cara a cara.

Paul Éluard me surpreendeu quando ele se disse aterrorizado em me ver afrontando a morte no papel do *Baron Fantôme*, no qual me reduzo a pó. Viver me desconserta mais do que morrer. Não vi nem Garros, nem Jean Le Roy, nem Raymond Radiguet, nem Jean Desbordes mortos. Minha mãe, Jean de Polignac, Jean Giraudoux, Édouard Bourdet são os mortos que vi de perto nesses últimos tempos. Com exceção de Jean Polignac, eu os desenhei e me deixaram sozinho muito tempo em seus quartos. Eu os olhei de pertinho para apreender os seus traços. Eu os tocava, os admirava. Pois, a morte cuida das suas estátuas. Ela as desenruga. Não adiantava dizer-me que eles não se ocupavam do que me ocupo, que distâncias repugnantes os afastavam de mim, eu nos sentia bem próximos, como as duas faces de uma moeda que não se podem conhecer, mas estão separadas uma da outra apenas pela espessura do metal.

Se eu não estivesse triste de abandonar as pessoas que amo e que podem ainda esperar alguma coisa da minha ajuda, eu esperaria curiosamente que a sombra projetada que precede à morte me tocasse e encolhesse. Eu não apreciaria o golpe de misericórdia e que a sua empreitada de grande fôlego prosseguisse até o limite em que ela se contenta em acabar conosco. Eu gostaria de dizer adeus aos meus próximos e de ver minha obra feliz em ocupar o meu lugar.

Nada do que se refere à morte me repugna, a não ser a pompa com a qual a escoltam. Os funerais me atrapalham a lembrança. No de Jean Giraudoux eu disse a Lestringuez: "Vamos embora daqui. Ele não veio". Eu o imaginava jogando fliperama em algum porão do Palais-Royal.

O de Bourdet foi glacial. Fazia muito frio e os fotógrafos subiam nos púlpitos para nos fotografar e acender o flash.

A morte da minha mãe foi tranquila para mim. Ela não se tinha tornado débil. Tinha retornado à sua infância, me via na minha, acreditava que eu ainda estivesse na escola, me falava de Maisons-Laffitte, com detalhes, e não se inquietava. A morte teve apenas de lhe sorrir e lhe segurar a mão. Mas o cemitério Montmartre, que é o nosso, me choca. Colocam-nos na garagem. Os bêbados que atravessam a ponte urinam sobre nossas cabeças.

Ontem, eu visitei um cemitério na montanha. Ele estava coberto de neve, com poucos túmulos. Ele dominava a cadeia dos Alpes. Por mais ridículo que me pareça escolher sua última morada, eu pensava na minha cova de Montmartre e lamentava não poder estar plantado aqui.

Depois da morte de Jean Giraudoux, eu publiquei uma carta de adeus que terminava assim: "Eu não demorarei a juntar-me a ti". Repreenderam-me muito por essa frase, que consideravam pessimista, impregnada de desmotivação. Não era nada disso. Eu queria dizer que mesmo que eu durasse cem anos, são apenas alguns minutos. Mas pouca gente quer admiti-lo, e que nos ocupamos e jogamos baralho em um trem expresso que corre na direção da morte.

Já que a madre Angélique a teme em Port-Royal, quem teria, então, lucro com a morte? É melhor esperá-la com os pés firmes. Ocupar-se somente com ela é bajulação, desculpar-se por viver como se a vida fosse um erro da morte é má vontade. O que dirão aqueles que se aprisionam em uma cela e compulsam com angústia os documentos do seu processo? O tribunal os levará em consideração. O veredito é dado de antemão. Eles só terão perdido o seu tempo.

Excelente é a atitude daquele que empregou bem o tempo que lhe outorgam e não se atreveu a ser o seu próprio juiz.[16] A duração humana pertence apenas àqueles que modelam o minuto, o esculpem e não se preocupam com o veredito.

Sobre o capítulo da morte, resta-me muito a dizer e eu me surpreendo que tanta gente se incomode com ela, já que ela está em nós cada segundo e que eles deveriam encará-la com resignação. Por que teríamos um medo tão grande de uma pessoa com quem vivemos, estreitamente misturada à nossa substância? Mas aí está. Nós nos acostumamos a fazer disso uma fábula e a julgá-la de fora. Seria melhor nos dizermos que ao nascer nos casamos com ela e nos adaptamos ao seu caráter, por mais

---

[16] É preciso o gênio estarrecedor de Chateaubriand para que eu suporte Rancé. (N.A.)

trapaceiro que ele seja. Pois ela sabe se fazer esquecer e nos fazer acreditar que ela não mora mais na nossa casa. Cada um hospeda a sua morte e se tranquiliza com o que inventa, a saber, que ela é uma figura alegórica que aparece somente no último ato.

Especialista em mimetismo, quando ela parece estar o mais longe possível de nós, ela está até na nossa alegria de viver. Ela está na nossa juventude. Ela está no nosso crescimento. Ela está nos nossos amores.

Quanto mais me encurto, mais ela se alonga. Mais ela cria asas. Mais ela se agita por muitas coisas. Mais ela se entrega aos seus pequenos trabalhos. Cada vez menos se dá o trabalho de me enganar.

Mas a sua glória é quando paramos. Ela pode sair e nos fecha à chave.

Da frivolidade

A frivolidade é um crime, quando é uma imitação da leviandade, por exemplo, como uma bela manhã de março nas montanhas. Ela conduz à desordem de uma sujeira invisível e a outra desordem, a pior de todas, fatal ao funcionamento harmonioso do organismo (tal como o eczema), pelo prurido quase agradável que exerce sobre a derme da inteligência, o fantasista, indivíduo nefasto, rapidamente confundido com o poeta.

Se você consultar o dicionário Larousse, verá que Rimbaud é um poeta fantasista, e, de alguma forma, há um pleonasmo na intenção do culpado por esse verbete. Para a grande maioria, um poeta é necessariamente um fantasista, a menos que o lirismo mais suspeito ou a falsa profundidade lhe valha um respeito correspondente à sua banalidade.

A frivolidade não é nada mais do que uma falta de heroísmo e como uma recusa em se expor no que quer que seja. É uma fuga confundida com uma dança, uma lentidão que parece ser uma rapidez, um peso aparentemente análogo a essa leveza de que falo e que se encontra somente nas almas profundas.

Ocorre que certas circunstâncias, por exemplo, a prisão de Oscar Wilde, abrem os olhos do criminoso para o crime e o obrigam a se arrepender. Então, ele admite que "tudo o que é compreendido é bom, que tudo o que não é compreendido é ruim", mas ele o admite somente porque o desconforto o informa. Isso serve também para o acidente de carruagem de Pascal. Não se imagina, sem horror, uma alma da sua envergadura apaixonada por si mesma e pela vida, ao ponto de dar uma importância tão extraordinária a ser salvo da morte.[17]

Eu acuso de frivolidade toda pessoa capaz de se aplicar na resolução dos problemas de interesse local sem o menor sentimento de ridículo, sentimento que poderia fazê-la refletir e orientar os seus esforços na direção de uma paz, por exemplo, no lugar de uma guerra. Pois, a não ser que se trate de uma frivolidade criminosa, essa pessoa perigosa só pode encontrar desculpas em um interesse pessoal de traficância ou de glória. E o patriotismo é uma malvada desculpa, já que há mais nobreza em desagradar às massas, que são ingênuas em relação ao patriotismo, do que em enganá-las sob o pretexto de grandeza.

A frivolidade, detestável quando se manifesta em um registro superficial, visto que existe, nesse campo, heróis com uma charmosa leviandade que a frivolidade

---

[17] Eu sei muito bem que se trata de morrer ou não em estado de graça. Mas, como gosto da seguinte história! Jantando na casa de Stravinsky, seu filho Théodore nos contava que em um almoço de livres pensadores, em Nova York, um convidado havia morrido ao insultar a Virgem Maria. "Ele tem sorte, disse Stravinsky, pois ele foi direto para o céu." Seu filho lhe pergunta por quê. Stravinsky responde: "Porque ele morreu de vergonha". (N.A.)

desconsidera (certos personagens de Stendhal, entre outros), torna-se monstruosa quando prolifera até o drama e, pelo charme fácil que ela exerce sobre toda alma preguiçosa, arrasta o mundo para um terreno onde a verdadeira profundidade parece uma infantilidade que deve ceder o seu lugar no círculo dos adultos.

Então, assistimos, impotentemente, a essa embriaguez de catástrofes, papelada, controversas, assassinatos, processos, escombros, brinquedos assassinos, ao fim da qual a terrível frivolidade dos homens se encontra paralisada, estupefata, no meio de uma desordem comparável à da infância quando ela destrói quadros, coloca bigodes em bustos, joga o gato no fogo e derruba o aquário de peixes vermelhos.

É verdade que a frivolidade levanta rapidamente a cabeça, não assumindo a culpa sob nenhum pretexto. É o estágio em que a família briga em um canto do salão enquanto levam-lhe os móveis e que a febre das queixas impede seus membros de perceberem que os móveis desaparecem um após o outro e que não lhes resta nem mais uma cadeira para se assentarem.

O que me importuna, é a pessoa que todos acreditam de antemão que ela me agradará porque é fantasista. A fantasia e a frivolidade andam juntas, eu repito. O fantasista, incapaz de originalidade, encontra uma nos aborrecimentos que ele lhe provoca pela falta de relação entre os seus atos. Ele quer surpreender. Ele incomoda. Acredita ser uma maravilha. Não mexe nenhum dos peões que fazem avançar o jogo. Ele se contenta em embaralhar os dominós e as cartas, em colocar as peças de xadrez em uma posição inadequada ao mecanismo do jogo e própria para surpreender os jogadores à primeira vista. São as horas, os lugares, as convenções, que ele maltrata com uma insolência que nem sequer é a do dândi, e sem nunca romper a linha em benefício de outra. Ele fica eufórico e nos cansa, como um bêbado, quando nos impõe uma superioridade na qual ele se move, do alto da qual ele menospreza o que considera nosso conformismo e que não é nada mais que o nosso constrangimento.

Eu conheci fantasistas, cuja fantasia era, de alguma forma, orgânica e que morreram disso. Eu sentia neles uma espécie de loucura benigna muito perigosa para eles e para os seus amigos. Apesar do respeito ao qual nos incita toda existência que não se poupa, eles não nos trazia menos mal-estar. Pois, esses fantasistas são, geralmente, mitômanos e acontece de o seu objetivo não ser o de procurar forçar a nossa atenção, mas o nosso coração. Se eles conseguem, é porque não são nem frívolos nem fantasistas, mas têm essa aparência por causa do desajeitamento em nos convencer, por causa de uma modéstia de alma que os empurra a querer parecer excepcionais, por causa do seu desejo de se misturarem ao nosso sistema e dos seus remorsos de serem cruamente indiscretos. Esses remorsos os levam às fugas, aos eclipses totais, às punições a que eles se infligem e das quais eu poderia citar algumas atrozes.

O mundo em que eles vivem torna o contato com eles muito difícil, já que a menor palavra, o menor gesto da nossa parte (e ao qual não damos nenhuma importância) despertam neles incríveis meandros que podem conduzi-los até o suicídio.

É preciso, então, evitá-los no início, qualquer que seja a sedução que eles emanam em um mundo onde o fogo é raro e nos atrai sempre.

Nem sempre agi com essa prudência. Eu a considerava indigna e resultante de um conforto que não aceito. Um escrúpulo me fazia temer fechar a porta na cara do hóspede desconhecido. Eu a abria e não ousava mudar de atitude, tão grande era a minha vergonha de parecer pusilânime. Eis a gravidade. Em vez de prever rapidamente as consequências de uma fraqueza prejudicial aos meus próximos e à minha obra, eu me orgulhava de afrontar as armadilhas e de saltá-las com os pés juntos. Então, eu agia mais por soberba do que por generosidade natural. E eu confesso ter agido assim.

Eu falei do dândi. É preciso não confundi-lo com os que descobriram na sua atitude, tomada como fim, uma imagem visível de suas almas altivas e de suas revoltas. Eu compreendo que Baudelaire se sinta atraído por isso. Ele caminha na direção inversa. Esse dramaturgo é um drama. Ele é o drama, o teatro, os atores, o público, a cortina vermelha, o lustre. Um Brummel é por outro lado, o macho perfeito para a *atriz trágica sem teatro*. Ele interpretará o seu papel no vazio, até esse vazio definitivo de uma mansarda onde ele morre fazendo-se anunciar todos os grandes nomes da Inglaterra. Sua fala: "Eu não poderia estar bem vestido no Derby, já que você notou" adquire sentido quando Baudelaire se limita a se apoiar sobre um artigo no qual Sainte-Beuve admira na sua obra apenas um soneto à lua. "A cabeça quente e a mão fria", disse Goethe em algum lugar. O dândi tem cabeça e mão frias. Aconselho aos navios evitarem esse insolente iceberg. Nada muda a sua rota. Ele mataria para dar um nó na sua gravata. Aliás, seu imperialismo não tem base. Ele só existe por ele mesmo. Um belo dia, Brummel pede ao rei George para se levantar e puxar o cordão da campainha. Essa campainha é suficiente para despertar o rei oficial da sua pequena hipnose e colocar o rei da moda porta a fora.

Quando os reis colocam os poetas para fora, os poetas ganham. Quando o rei da Inglaterra coloca Brummel para fora, Brummel fica perdido.

Nossa época está muito doente. Ela inventou "a evasão". Os horrores que sofrem as vítimas da frivolidade de uma guerra lhe fornecem vários derivativos. Ela se droga com esses derivativos por intermédio dos seus jornais e até mesmo a bomba atômica lhe proporciona um lirismo à maneira de Jules Verne – até o momento em que um farsante a logra pela via das ondas. Orson Welles anuncia a chegada dos marcianos. Uma rádio francesa a de um meteorito. Imediatamente, nossos ases da guerra não pensam mais em fugir pelo espírito, mas pelas pernas. Quebram-nas. Fogem. Desmaiam. Abortam a ação. Pedem socorro. É o momento em que o governo se agita e proíbe a emissão imaginária. Pensa-se mesmo que a poesia os acalmará e os levará para longe da terrível realidade. Eis o que eles pensam e o que uma multidão de revistas exploram e cuja menor publicidade entreabre as portas do sonho.

O poeta estava sozinho no meio de um mundo industrial. Ei-lo sozinho no meio de um mundo poético. Graças a esse mundo, generosamente equipado pela evasão como pelos esportes de inverno, pelo teatro, pelo cinematógrafo e pelas revistas de luxo, o poeta reconquista, enfim, sua invisibilidade.

Do Palais-Royal

A desordem, contra a qual eu luto, se refaz ao meu redor, peça por peça e sorrateiramente. É provável que a minha plantação interna e externa de alma, cabelo, caninos, apontando para todas as direções, não pare na minha pessoa e continue até os limites extremos da sua carapaça, limites que devem prolongar-se bem além do que eu vejo.

Essa carapaça é tão levada a viver da nossa essência, que ela é vítima das misérias que nos atormentam e fica doente com a nossa pele. O mal que eu sofro, diante do qual a medicina se confessa impotente, se comunica com os objetos e papeladas do meu quarto, os enlouquece e dá a seu bricabraque as posturas insólitas da insônia e da dor.

Essas dores são como os estigmas que respondem a certas necessidades do meu trabalho. Ou *A Bela e a Fera* me atinge nos pontos em que o filme me obriga a atormentar um artista com a cola e com o pelo, ou uma flecha atirada sobre esse mesmo artista se torna aos meus olhos um tiro de projetores, ou a refundição dos textos de *O sangue de um poeta* provoca em minha mão direita uma crise intolerável. Nesta noite, sem recursos contra a crise, eu sacudia a minha mão com todas as minhas forças e me dei conta de que era a mesma manobra do poeta quando ele procura se livrar da sua ferida que é uma boca.

 Eis-me, então, em uma cama muito atormentada, ela própria, com dobras e ondulações, pois ao me contorcer a noite toda até de manhã, eu me remexia como o mar.

 Desta cama de triste atribulação, eu examino o meu quarto, estreita cabine aberta sobre a arcada do Palais-Royal, margeada pelo barulho dos passos. Este quarto foi tão frequentemente descrito pelos jornalistas, enaltecido pelos fotógrafos, que eu me pergunto se é mesmo ele, tão pouco se parece com o que eles mostram. Isto é, a viagem de um espetáculo, entre o olho por onde ele penetra e a mão por onde ele sai, deve transformar o sopro em um som estranho, como acontece com a trompa. Sobre o vermelho, é difícil não concordar. Quanto ao resto, eu suponho que os objetos que só chegaram a mim arrastados por alguma onda, devem ter adquirido, aos olhos dos jornalistas, a aparência que eles vieram procurar. Eles procuravam a loja de acessórios dos meus mitos. De fato, esses objetos, os únicos que conseguiram permanecer em uma casa de onde tudo vai embora, só combinam entre si por uma intensidade singular que os distingue de mil outros mais bonitos que os colecionadores possuem. O mais cativante desses destroços encalhados nesta pequena praia vermelha é provavelmente o grupo de Gustave Doré, cujo gesso me foi oferecido por Charles de Noailles e que eu fiz fundir em bronze. Vê-se Perseu montado no hipogrifo, suspenso no ar graças a uma longa lança plantada na garganta do dragão, o qual enrola sua agonia em volta de Andrômeda. Esse grupo está em cima de uma coluna, entre a janela dita *castor* e uma grande ardósia que se afasta e camufla um pequeno gabinete, frio demais no inverno para que se fique ali. Neste quarto eu compus *Renaud et Armide*, separado de tudo, livre da campainha do telefone e da porta, no verão de 1941, em uma mesa de arquiteto acima da qual se vê o grande desenho em fusain e sanguínea de Christian Bérard, que representa o encontro de Édipo com a esfinge e foi resgatado do meu quarto na Rua Vignon, onde ele decorava o papel de parede.

A porta de ardósia e várias outras do vestíbulo serviam para eu fazer anotações, com giz, os endereços e o trabalho a fazer, pois tenho a memória crivada de buracos. Os visitantes predispostos ao romanesco acreditam ver ali hieróglifos em vez de lembretes sobre os quais, a cada semana, eu passo a esponja.

À direita da minha cama há duas cabeças, uma romana de mármore, de um fauno (ela pertencia ao meu avô Lecomte), a outra de Antínoo, em uma redoma, uma terracota pintada, tão frágil que somente a fixidez dos seus olhos de esmalte pôde conduzi-la até aqui, do fundo dos séculos, como a bengala branca dos cegos.

Uma terceira cabeça orna a minha cabeceira: a terracota de Raymond Radiguet, feita por Lipchitz, no ano em que Radiguet morreu.[18]

Eis a nomenclatura da imaginária pendurada nas paredes, acima da inundação da desordem: litografias de Eugène Delacroix para *Fausto*. Fotografia de Rimbaud por Carjat, tirada no dia do escândalo da bengala-espada. Colagem de Picasso em uma caixa de borboletas. Retrato de Sarah Bernhardt por Clairin (ela esculpe). Original da

---

[18] Lipchitz modelou o busto de Radiguet em 1920, três anos antes da morte do jovem escritor. (N.T.)

capa de Bérard para *Opéra*. Grande figura de mulher de Picasso em nanquim. Fotografia de Mallarmé com o seu xale. Dado de Picasso (ver *La Fin du Potomak*). Esboço de Ingres para *Tu Marcellus eris*. Perfil de Baudelaire, ponta seca de Manet. Meu retrato feito em Roma, por Picasso, em 1917 e datado no dia da páscoa. Dois desenhos em bico de pena de Victor Hugo. Um representa Gavroche. Victor Hugo escreveu embaixo "Olhando guilhotinar". O outro é um estudo obsessivo do seu monograma. Uma aquarela graciosa da minha mãe por Wencker.

O resto, sufocado sob as papeladas, os livros, as cartas sem resposta, as garrafas de remédios e potes de pomadas com as quais me lambuzam, é apenas a alga da minha tempestade, os vestígios dos inúmeros apartamentos e hotéis onde perdi tesouros que me pilharam e dos quais nada subsiste.

Eu aluguei este minúsculo porão, entre o Teatro do Palais-Royal e o quarteirão que termina na Comédie-Française, em 1940, quando o exército alemão marchava por Paris. Eu morava, então, no *Hotel Beaujolais*, ao lado de Colette, e deveria me instalar no número 36 da Rua de Montpensier somente em 1941, depois do êxodo. Os amigos de vizinhança, dos quais eu havia alugado, um pouco imponderavelmente, este túnel estranho, tiveram de fugir do imóvel. Os Bert, os Mille, os Lazareff. Eu vivi aqui quatro anos sob os insultos proferidos contra a minha obra e contra a minha pessoa. Trato-me aqui, hoje, por cansaço, por causa da impossibilidade de encontrar uma moradia conveniente, por causa também de um encanto (no sentido exato do termo) que o Palais-Royal exerce sobre certas almas. Esse encantamento é feito de espectros revolucionários que o assombram com um silêncio ornado com pássaros que sucede às festas do Diretório, com uma posição quase chinesa de cidade morta entre as muralhas de casas muito velhas e sórdidas tão inclinadas quanto os palácios de Veneza, onde Delphine de Nucingen conduzia Rastignac à sala de jogo.

No Palais-Royal, eu conheço cada pessoa, seus hábitos, seus gatos, seus cães. Passeio entre sorrisos e as notícias que temos uns dos outros. Como nos pequenos porões, onde se desce por quatro degraus. Encontro meus amigos e o fantasma de Giraudoux que vinha de fora, mas que era dos nossos. Pela minha janela, eu converso com Colette que atravessa o jardim com a sua bengala, sua gravata de lenço, seu chapéu de feltro, seu belo olho, seus pés nus, suas sandálias.

Eu não gostaria de deixar este quarto e, no entanto, será preciso. Um vento forte me força. Sentirei saudade da minha penumbra, aonde quer que eu vá sob o sol. Sentirei falta da iluminação de teatro que a neve de inverno me lança de baixo. E o espetáculo que eu vi no outro dia (entre mil): o cabeleireiro, perto da galeria de Chartres, havia colocado perucas para secar ao sol. Essas perucas eram colocadas sobre cabeças de cera e essas cabeças fincadas nas pontas da grade que fecha, à noite, os espectros do Termidor.

As grades, de manhã, abertas sobre cruzamentos, corredores, abóbadas, lampiões, colunatas, arcadas, pombais, perspectivas das praças russas e das cidades romanas, porões, oficinas de selos, de livros sobre a flagelação e da Légion d'honneur, é aqui que se joga a bocha sob as árvores, é daqui que rolavam nos ribeirões as cabeças que eram as bolas de um jogo popular, e é aqui que desfilavam cortejos de galos em trapos agitados no ar, como punhos em direção ao céu emoldurado com pedras.

Do governo da alma

Não podemos correr de um lugar a outro sem perder alguma coisa, passar rapidamente de um local a outro todos os nossos objetos e mudar de trabalho em um minuto, como gostaríamos. Nada demora tanto na viagem como a alma e é lentamente que ela alcança o corpo, se este se desloca. Assim, se atrapalham os que se acreditam rápidos, mal agrupados com as suas almas que, estando com eles no momento da partida, os alcançam aos poucos durante o percurso e às quais eles impõem o exercício contrário. Com o tempo, eles acabam por acreditar que existem, mas não existem mais.

Isso também é válido para a dificuldade em passar de uma obra à outra, já que a obra acabada ainda nos habita e deixa ao trabalho da outra apenas um lugar muito confuso. Em relação à viagem, o que importa é esperar que o corpo se reagrupe e não nos apoiarmos em uma aparência, na qual somente aqueles que nos conhecem mal podem acreditar.

Quanto às obras, é importante esperar depois do término de cada uma e deixar o corpo se desprender dos vapores que restam e que podem demorar a partir.

É o perigo de uma obra de cinematógrafo como a que eu acabo de deixar, pois a hipnose em que ela nos envolve é tal que fica difícil de dizer onde ela acaba. Até mesmo quando o filme se desprende de nós e, tendo-nos devorado, gravita em uma vida desenvolta, mais distante que a dos astros, a nossa máquina lhe continua submissa e conserva as suas marcas.

Eu fugi de uma casa de onde me expulsaram as campainhas da porta e do telefone. Moro no campo, onde o silêncio, os pássaros, as plantas, as flores sucedem à desordem doméstica.[19] Mas eu não me gabo de ainda estar onde estou e de ser livre. Pouco da minha pessoa aproveita disso. Para passar da prisão ao ar livre, não somente foi preciso vencer a mesma aversão que seria preciso vencer se fosse o inverso, pois, quaisquer que sejam nossos hábitos, eles nos detêm, mas também uma metade decidiu fugir, a outra decidiu ficar. Disso resulta que eu devo me esperar e ter paciência até o minuto em que me juntarei a mim. Eu estimo que seja preciso um mês para reencontrar, depois de um trabalho ou uma viagem, o governo do eu. Até lá, ele mora no limbo. Resta-me de mim mesmo apenas o suficiente para perambular pelo jardim, contemplar o gênio absurdo das flores e me lembrar de certas frases que se referem a elas, por exemplo, a de Guez de Balzac, quando ele conta que um camponês da Noruega que nunca tinha visto rosas, se surpreendia com o fato de arbustos carregarem fogo.

Esses espetáculos me atravessam sem deixar marcas. Eles entram, eles saem, eu como, me deito, durmo.

A cada vez em que me encontro nesse estado intermediário, eu me pergunto se é definitivo. Fico afetado ao ponto de multiplicar o seu vazio e de me convencer de

---

[19] Verrières. (N.E.F.)

que ele não se preencherá mais. É aí que exercícios fariam maravilhas. Toda uma ginástica própria para recolocar um mecanismo preguiçoso no seu curso. Mas, eu não ouso pretender tal coisa. Esses casos permanecem um enigma tanto quanto o animal, o vegetal, a semente ou o ovo.

Eis-me, então, entre dois ritmos, sem equilíbrio, enfermo na minha substância e com o espírito manco. Azar de quem se revolta contra isso. Uma tentativa de passar além distorceria tudo. E não me diga que pouco importa, que se esse trabalho de reativação for insano você o destruirá. Nada se pode destruir do que está feito. Mesmo se o queimarmos e se dele sobrarem apenas as cinzas.

Pois, se o detalhe dos nossos trabalhos nos dá a ilusão de ser livre, o conjunto de uma obra desmente essa liberdade. É o conjunto que faz a sua forma inevitável e idêntica à de uma planta que desabrocha a sua flor.

É por isso que eu falei de "gênio absurdo", gênio análogo ao do homem. Apesar de tê-lo, e também a flor – por bem ou por mal, salvo se ele se embaralha de propósito, o homem que o veicula deve ser absurdo, de alguma maneira e sem o orgulho de florir.

É o meu método de espera, e a minha angústia me repugna, já que é pouco provável que as plantas se coloquem tais problemas em que elas se cansariam e se enfraqueceriam.

O que fazer contra o medo do vazio? Ele me resseca. É preciso esquecê-lo. Eu tento. Até leio livros infantis. Evito os contatos que me dariam a sensação da fuga das horas. Vegeto. Falo com os cães.

Sentir-se o lugar de tais mistérios não provoca conforto. Assim, o seu desconforto, o mal-estar que ele nos causa, o desgaste dele resultante, não param com o trabalho. Um novo gênero de suplício começa e não dos menores, suplício do deserto, das miragens e outras malvadas fantasmagorias da sede e da reverberação. Até a sorte de uma nova descarga que ainda consente em utilizar a nossa máquina, em aproveitar dela, em recolocá-la em movimento, desencadeando todo um dispositivo de egoísmo feroz e de indiferença total à dor.

Vá compreender alguma coisa. Tente romper a cadeia. Imagine uma pausa, se não a de morrer no fim.

Longe de mim, queixar-me. Eu aceito essa prisão. Ela tanto me convém que, provavelmente, se eu me evadisse, a reconstruiria em outro lugar.

Já faz um ano que estou doente. Parece-me que neste estado neutro em que me encontro, a dor se interessa menos em me prejudicar. Ela me quer inteiro, atento. O que podem os médicos? O que eles sabem das células indiferentes ao indivíduo que elas formam? Elas pensam, sem se preocupar com os meus empreendimentos, elas os constatam à sua maneira e dão prova de psicologia.

Se eu procuro desenrolar o novelo, em que campo andarei? É melhor ficar atento, essa é a minha doutrina, à qual me obstino.

Continuas atento, eu me digo. Vaticinas. Vanglorio-me. Na verdade, eu volto aos lugares desertos dos meus amores. Sob o pretexto de análise, eu me visito. É a tristeza de Olympio. Eis a alameda onde o mercador vê surgir a Fera de entre os montes, eis a porta em ruína que Bela empurra e através da qual ela vê a Fera no escuro. Eis os candelabros que se acendem sozinhos, os braços de pedra viva que saem das paredes e os movem. Falas me perseguem: "Bela, você aceita se tornar minha mulher? – Não, Fera. – Então, adeus, Bela. Até amanhã". Ou: "Você não tem nojo de me deixar beber água em suas mãos?", ou:

"Bela, se eu fosse um homem, eu faria, provavelmente, as coisas que você me diz, mas as pobres feras que querem provar o seu amor, só podem se deitar no chão e morrer". E eu vejo a Fera. Seus pobres olhos, um maior que o outro, nadam e se afogam. Eles reviram para trás. Bela vai amá-la e perdê-la. Desse grande casulo se projeta o Príncipe Encantado. E o príncipe pergunta: "Você é feliz?", e Bela responde: "Será preciso que eu me acostume".

O filme enrolado nas suas latas em Saint-Maurice vai liberar-me? As crianças do nosso espírito estão, provavelmente, sob nossa responsabilidade até o casamento delas com o público. Será preciso que eu espere até setembro, quando esse casamento acontecerá?

Um fantasma afasta o outro. Minha peça, que deve ser encenada em outubro parece tão longe de mim, tão estrangeira que ela me recrimina. Ela me olha friamente nos olhos. Envenena-me. Ela se vingará, quando a sua hora chegar. Ela complica o meu mal-estar com os transes que me reserva. Ela me odeia, mas me trata com cuidado. Ainda precisa de mim.

Assim, eu misturo a massa na qual me afundo. Corro o risco, com essa manobra, de afundar mais. O espetáculo da natureza que me deveria distrair, me enterra à força. A isso se junta o fato de que o meu refúgio é um parque, onde, outrora, planejei fazer movimentar os meus artistas. E sem pensar nisso, esse projeto do qual eu me havia esquecido teve a ver com a escolha da residência onde eu esperava encontrar a paz. Sua paisagem se sobrepõe àquelas que me foram úteis. Suas árvores se emaranham. Seus arbustos se encavalam. Seus montes se afastam. A Fera aparece. Ela me devora. Estou perdido.

Com as pernas da alma atoladas nesse lodo, me ocorre de invejar esses escritores de escrivaninha que fazem para si uma barricada. Eles não deixam sua tinta tratá-los com intimidade. Se eles se metem a escrever, agem com grande prudência e misturam apenas uma parte deles mesmos no que escrevem.

A parte que eles guardam para si tem pernas, de modo que ela está apta a inspirar respeito, até mesmo a recuar, se for necessário.

Infeliz de quem não reservou um lote onde viver, uma parcela de si em si mesmo e se entregou aos acasos que aproveitam o menor cercado para plantar arbustos. Pois, se nada governa, eles crescem fora e dentro. É aí que está o perigo dessa vacância à qual me entrego de punhos e pés atados e é por isso que preciso ser mais severo do que qualquer um na vigilância das minhas portas. É o que me paralisa. Entra quem quer, o morto e o vivo. Eu dizia acima, que os espetáculos e as falas me atravessam impunemente. Falei rápido demais. Eu constatei, depois, que nada nos atravessa sem deixar marcas sobre uma areia onde os dezoito pés das Musas só pisam se ela for virgem.

Quem pode dormir em pé e estar bastante atento às suas grades para defender o acesso da propriedade? Sabemos o que valem as placas de cão bravo e de armadilhas contra lobos. Logo, será preciso aceitar o inextricável e se submeter a ele ao ponto de ele emanar um charme e de o mato atingir com sua inocência selvagem os atrativos da virgindade.

Para dizer a verdade, eu me perco aí. O único recurso que me resta está no progresso moral. Pois, ainda é preciso que o mato não seja um cafarnaum de detritos e de urtigas.

Eis o único combate ao qual me entrego, no qual posso continuar no comando.

De Guillaume Apollinaire

Em vez de me atormentar com uma pesquisa pretensiosa, já que as forças que me fazem funcionar devem ter, sobre o emprego dos meus órgãos, uma opinião diferente da minha, e se elas me ignoram – o que é provável –, devem ser tão estrangeiras a eles quanto a eletricidade o é em relação à caixa e às músicas de um aparelho de transmissão sem fio, seria melhor eu empregar a minha tinta doente na fixação de belas figuras que eu conheci. Frequentemente, me pedem isso e para dar uma sequência a *Portraits-Souvenir*. Desagradar-me-ia pela simples razão de que eu anotei ali circunstâncias da minha juventude, em que eu era apenas um espectador, sem que eu me intrometesse o mínimo no mundo. Depois, eu entro no jogo. É um torneio. Machucam-me e eu dou o troco. E machucarei muito mais gente se eu vasculhar as cicatrizes. É extremamente raro que não ofendamos aqueles que descrevemos e mesmo que não puxemos os seus atos para o nosso lado, mas os apresentemos contra nós, a ótica e as perspectivas do ponto fixo onde estamos concretizam o ângulo sob o qual eles nos observam. Eles nos dão uma aparência de má fé.

Acrescente-se a isso o fato de que a memória é deformadora (côncava ou convexa), que a menor anedota se altera de boca a boca, que se contamos uma, ela nos volta em trajes de passeio, que o mais realista é permeável à sedução das lendas e acredita piamente nelas; que através de um fenômeno inverso de perspectiva, a memória tende a ver crescer o que dela se afasta, tende a modificar suas proporções, a retirar suas bases, em suma, que nada é mais suspeito do que o testemunho.[20] Eu vi testemunhos imediatos, baseados sobre erros do olho, que, sem desistir, teriam enviado um bravo homem à guilhotina, e que depois de provada a sua inexatidão, se enrolariam mais do que se envergonhariam. É certo que a fuga do tempo exerce um encantamento porque a realidade se contorna no tempo de um jeito que revolta um espírito simples no reino da arte, mas o fascina quando os acontecimentos se fabulam.

É o sucesso das correspondências, memórias e outros relatos diretos pelos quais podemos tocar o mito, lendo uma entrevista, um artigo, o parágrafo do dicionário Larousse que nos diz respeito.

Um culto da velocidade suprime o artesanato, a tal ponto que a paciência, a habilidade manual, indispensáveis para criar o luxo, se encontram apenas entre aqueles que ajustam mecânicas para esse fim. Ler já foi um artesanato. Está caindo em desuso. Apressamo-nos. Saltamos

---

[20] Nada mais grave do que as falas que nos atribuem, que circulam e se imprimem. Eu li em um prefácio de um livro de Bernanos, escrito no Brasil, uma frase atribuída a mim, que eu nunca disse e que me choca. O Verbo se faz sempre e instantaneamente carne. É por isso que é importante ficar atento ao que se dissemina, verificar suas fontes e, se for falso, cortar na hora. (N.A.)

linhas. Procuramos o fim da história. Então, é normal que a pressa prefira as lembranças de fatos que geraram obras às próprias obras, e que ela engula distraidamente as ferramentas, por cansaço de ter de mastigar o que as ferramentas talham. É, também, o que faz com que prefiramos a conversa aos textos porque ela se pode escutar com uma orelha distraída e não exige nenhum esforço.

A conversa se torna perigosa. Não conheço boas conversas em que nos ocupamos uns dos outros. Independentemente do que se conta em uma conversa, a má escuta a veicula enviesada. Uma nova pressa impede aqueles a quem contamos algo de se dizerem que não é a nossa sintaxe. A assinatura os cega. Eles acreditam nela. Contra-atacam. A resposta caminha, se traveste em estrada. Desavenças sem fim.

Os desentendimentos dessa ordem são inúmeros. É por isso que eu gostaria de anotar algumas recordações de um homem com o qual eu nunca me desentendi, porque ele era atento ao ponto de ser obsessivo. Trata-se de Guillaume Apollinaire.

Eu o conheci em uniforme azul claro, a cabeça raspada, a têmpora marcada por uma cicatriz em forma de estrela do mar. Um dispositivo de faixas e de couro lhe servia de turbante ou pequeno capacete. Ter-se-ia acreditado que esse pequeno capacete escondia um microfone por meio do qual ele escutava o que os outros não podem ouvir e vigiava secretamente um mundo delicado. Ele transcrevia as suas mensagens. Alguns dos seus poemas não traduzem nem mesmo o código dessas mensagens. Nós o vimos freqüentemente à escuta. Ele baixava as pálpebras, cantarolava, molhava sua pena no tinteiro. Do bico da pena pendia uma gota de tinta. Essa gota tremia e caía. Ela estrelava a folha. *Álcoois*, *Caligramas*, tantos sinais de um código secreto.

    Eu conheço somente François Villon e Guillaume Apollinaire que sabem manter-se sem tropeço na instabilidade de que é feita a poesia e que nem suspeitam daqueles que pensam produzi-la escrevendo versos.
    A palavra rara (e ele a usava) perdia, entre os dedos de Apollinaire, o pitoresco. A mais banal tornava-se insólita. E essas ametistas, selenitas, esmeraldas, cornalinas, ágatas que ele utiliza, ele as montava, de onde viessem, como um empalhador tece uma cadeira no passeio. Não se imagina um artesão de rua mais modesto, mais alerta do que esse soldado recruta.
    Ele era corpulento sem ser gordo, o rosto pálido, de traços romanos, um pequeno bigode acima de uma boca que soltava as palavras por meio de uma voz curta, com uma graça um pouco pedante e como se perdesse o fôlego.
    Os olhos riam da seriedade do rosto. As mãos de padre acompanhavam a fala dos gestos que lembravam aquele que os marinheiros convidavam para uma bebida e para vertê-la.
    O riso não saía da sua boca. Ele chegava dos quatro cantos do organismo, o invadia, o sacudia, imprimia-lhe solavancos. Em seguida, esse riso silencioso se esvaziava pelo olhar e o corpo voltava ao seu lugar.
    Com meias, sem as suas perneiras de couro, a perna moldada pela ceroula curta, ele atravessava o seu pequeno quarto do Boulevard Saint-Germain, subia alguns degraus até o minúsculo gabinete onde conhecemos a edição de luxo de *Estufas quentes* e o pássaro de cobre do Benin.

As paredes eram cobertas por telas de amigos. Além do retrato com sebe de cravos pintado por Henri Rousseau e as moças angulosas de Laurencin, havia fauvistas, cubistas, expressionistas, orfistas e um Larionov da época do maquinismo do qual ele dizia: "É o medidor de gás".

Ele era apaixonado por escolas e conhecia, da Rua Jean Moréas até o café La Closerie des Lilas, a virtude dos seus nomes, que as pessoas repetem misteriosamente.

O rosto da sua mulher se parecia com o lindo aquário redondo de peixes vermelhos das butiques do cais, em frente das caixas de livros pelos quais, ele escreveu, o Sena é mantido.

Na manhã do armistício de 1918, Picasso e Max Jacob tinham ido à Rua d'Anjou, número 10. Eu morava lá, no apartamento da minha mãe. Eles me disseram que estavam preocupados com Guillaume, que a gordura envolvia o seu coração e que era preciso telefonar a Capmas, médico dos meus amigos. Chamamos Capmas. Era tarde demais. Capmas suplicou ao doente para ajudá-lo, para se ajudar, para teimar em viver. Ele não tinha mais força. A charmosa falta de ar se tornava trágica. Ele sufocava. À noite, quando cheguei para me juntar a Picasso, Max e André Salmon, no Boulevard Saint-Germain, eles me contaram que Guillaume havia falecido.

Seu pequeno quarto está escuro e cheio de sombras: a da sua mulher, da sua mãe, as nossas, de outras que circulavam ou se recolhiam e que eu não reconhecia. Sua figura morta iluminava o tecido à sua volta. Uma beleza laureada, tão radiante que acreditamos ver o jovem Virgílio. A morte, vestida de Dante, o puxava, como as crianças, pela mão.

Quando ele estava vivo, sua corpulência não era o que parecia. O mesmo acontecia com a sua falta de ar. Ele parecia se mover entre coisas muito delicadas, em um campo minado de explosivos preciosos desconhecidos. Porte singular, quase submarino, que identifico, às vezes, em Jean Paulhan.

Esse desengonço de balão cativo o assemelhava ao personagem Domingo de *O homem que era Quinta-feira*, de Chesterton, ao Rei Lune de *O poeta assassinado*. E ainda atuava no seu despojo, que voava imóvel. Essa medula do sabugueiro, dos pássaros, dos golfinhos, de tudo o que detesta a força da gravidade, se afastava do seu cadáver, o sublevava, provocava, ao contato com o ar, uma combustão fosforescente, uma auréola.

Eu o revia deambular pelas ruas de Montparnasse, cobertas de amarelinha, levando ao seu redor o arsenal das coisas frágeis que disse, evitando a quebra, arengando observações doutas. Por exemplo, que os bretões eram antigos negros, que os gauleses não usavam bigode, que *groom* era a corruptela de *gros homme* pronunciado em Londres, onde os porteiros suíços, imitados da França, foram substituídos, em seguida, por jovens garotos.

Às vezes, ele parava, levantava o dedo e dizia (por exemplo): "Acabei de reler *Maldoror*. A juventude deve muito mais a Lautréamont do que a Rimbaud". Eu cito essa frase, entre mil, porque ela me lembra o que Picasso me contava: Picasso, Max Jacob, Apollinaire jovens percorrendo Montmartre, precipitando-se pelas escadarias e gritando: "Viva Rimbaud! Abaixo Laforgue!", encontro político mil vezes mais significativo, em minha opinião, do que aqueles que precedem os plebiscitos.

Em uma manhã do ano de 1917 (Picasso, Satie e eu acabávamos de sofrer com o escândalo provocado por *Parade*), Blaise Cendrars me telefonou para dizer que ele estava lendo na revista *Sic* um poema assinado por mim, que ele estava surpreso de não conhecê-lo, que o poema não tinha o meu estilo e que ele ia lê-lo ao telefone para que eu lhe confirmasse que não era meu o poema. O poema era falso. Desse falso poema, Apollinaire fez um drama. Ele exercia uma autoridade das letras e fazia jus à sua posição. De café em café em Montmartre, em cada redação de jornal, ele interrogou, suspeitou, acusou todo mundo, exceto o culpado que, muito depois, nos confessou a sua mistificação. Ela consistia em enviar um poema a Birot, diretor da revista *Sic*, o seduzir com a minha assinatura, de tal modo que ele o imprimisse sem verificação, pois esse poema era acróstico. As letras maiúsculas compunham: PAUVRE BIROT.[21]

Eis que escorrego na vertente que eu reprovo. Contarei, então, já que ela não pode magoar ninguém, a noitada que encerrou a primeira encenação de *Les mamelles de Tirésias* no Teatro Renée Maubel.

Apollinaire me havia pedido um poema para o programa. Esse poema, intitulado *Zèbre*, empregava a palavra *rue* no sentido de *ruer*.[22] Os cubistas, Juan Gris, em primeiro lugar, entenderam *rue* como rua e, à noite, depois do espetáculo, me pediram para explicar o que essa rua fazia ali. Ela não convinha.

---

[21] POBRE BIROT. (N.T.)
[22] Em francês, o substantivo *rue* significa rua, mas o verbo *ruer*, que na primeira e na terceira pessoa do singular do presente do indicativo se conjuga como *rue* pode significar escoicear. (N.T.)

Nesse tribunal, onde estivemos lado a lado, Apollinaire passava do papel de juiz ao de culpado. Acusavam-no de ter comprometido o dogma com um sentido caricatural, ao confiar o cenário e o figurino a Serge Férat. Eu gostava de Gris e ele gostava de mim. Todos gostavam do Apollinaire. Mas, se eu conto esse episódio, é porque ele mostra a situação complicada em que nos encontrávamos. O menor desvario era suspeito, passava por perícias e terminava em condenações. "Eu introduzi – dizia Gris – o sifão na pintura." (Toleravam apenas as garrafas de Anis Del Oso.) E Marcoussis, saindo da exposição das *Janelas* de Picasso, na galeria Paul Rosenberg, declarou: "Ele resolveu o problema da *espagnolette*".[23]

Não ria. É uma grande época, e nobre, aquela em que tais nuanças preocupam as mentes. E Picasso tem mesmo razão de dizer que um governo que punisse um pintor por ter se enganado de cor e de linha, seria um grande governo.

Voltemos ao nosso poeta. A sessão punitiva de *Les mamelles de Tirésias* lhe dava amargura. Ele permaneceu muito tempo agarrado a isso por um fio, uma linha de pipa. Uma pipa ele se tornava. Leve, lutando, sacudindo essa linha, encasquetando-se, desviando-se pela direita e pela esquerda. Ele me dizia que "se aporrinhava com os pintores". E acrescentava: "Eles começam a me chatear com suas épuras de arquiteto". Fala surpreendente na boca daquele que esteve na origem de uma vitória contra o mimetismo. Mas ele queria, ali, as asas de Uccello e que os pintores pastassem o prado venenoso dos cólquicos.

---

[23] *Espagnolette* (espanholinha) é o nome dado, em francês, a um tipo de maçaneta de janela. (N.T., grifo nosso.)

Exceto em relação a Picasso, águia de dez cabeças, mestre soberano no seu reino, os cubistas chegaram a medir o objeto. Com um metro na mão, eles o obrigavam burguesamente a servi-los. Outros agitando as cópias, as cifras, a Section d'Or. Outros não arquitetavam mais nada além de carcaças.

Apollinaire percorria seus grupos e se cansava.

Provavelmente, esse cansaço está na origem da rampa que o conduziu à morte. Ele gostava apenas de surpresas delicadas. Ele gemia. Tinha pena da sua geração, sacrificada, dizia ele, perdida entre muitas escolhas. Ele se refugiava na casa de Picasso, que nunca se extenua. Não suspeitava em nenhum minuto, tanto é verdade que a autenticidade se ignora, que ele ia partir e virar constelação.

Essa constelação toma a forma do seu ferimento, ferimento que uma tela de Georges de Chirico lhe profetizou.

Assim caminham as coisas no nosso campo. Tudo se desenrola segundo uma matemática que é nossa e não admitida pelos matemáticos. Nada cambaleia no fim das contas. Tudo cambaleia de ponta a ponta.

Sobre a rocha onde logo seremos apenas alguns raros, salvos do naufrágio, Apollinaire canta. Atenção, caixeiro-viajante! É Lorelei.

Não se pode tratar aqui de um estudo. Não é a minha intenção. Limito-me a algumas linhas que desenham uma silhueta, fixam uma postura, espetam o inseto no ponto certo, como o perfil de Georges Auric no qual eu consegui a semelhança pela localização do olho que é apenas um ponto. Outros analisarão Apollinaire, sua magia, baseada, como se deve, sobre a virtude dos simples. Ele herborizava do Sena ao Reno. As misturas que ele prepara, com a colher, em uma marmita, sobre um lampião a álcool, testemunham a atração exercida sobre a sua pessoa episcopal pelos sacrilégios de todo tipo. Nós o vemos tanto de joelhos, ajudando na missa do capelão do regimento como presidindo alguma missa negra, tanto tirando os estilhaços de obus de uma ferida como espetando agulhas em uma estatueta de cera. Tanto na cadeira do inquisidor como na fogueira da Espanha. É o duque Alexandre e Lorenzaccio.

Do riso

A faculdade da gargalhada é a prova de uma alma excelente. Eu desconfio daqueles que evitam o riso e recusam a sua abertura. Eles temem sacudir a árvore, avaros que são dos frutos e dos pássaros, temerosos que se perceba que nem frutos, nem pássaros se despregam dos seus galhos.

Como o coração e o sexo, o riso procede por ereção. Nada que não o excita o intumesce. Ele não se ergue por vontade.

Essa excitação é submetida às mesmas regras que a dos sentidos, pois o que faz rir um, não faz rir o outro. E conheço quem tem crises de riso ao mesmo tempo que eu, enquanto algumas pessoas presentes só riem por meio de caretas, não nos podem compreender e pensam, às vezes, que rimos delas.

O automatismo do riso é implacável. É frequente que o riso nos atormente durante cerimônias fúnebres, das quais ele está oficialmente excluso.

Bergson imputa o riso cruel diante de uma queda à ruptura de equilíbrio que desumaniza o homem e o transforma em marionete. Outros filósofos contradizem a sua tese. Eles pretendem, ao contrário, que o homem, acostumado ao seu mecanismo artificial, deixa de ser marionete com a queda e se mostra, de repente, tal como ele é. É, dizem eles, essa brutal descoberta do homem pelo homem que excita o riso.

O que me incomoda é que nem um, nem os outros levam seu método até o estudo do riso face às obras. A surpresa das obras novas provocando uma ruptura entre os costumes do espírito e a novidade que lhe é submetida, o público cambaleia. Logo, haverá queda e riso. Talvez seja a explicação desse riso das multidões que, exceto pelas lágrimas ou pelo insulto, não se podem expressar de outra maneira.

Eu gosto da farsa, mas longa e realista. Se eu invento nomes, lugares e circunstâncias, eu quero que eles sejam críveis e que tenham o seu peso. Eu sinto um verdadeiro prazer em jogar esse jogo com jogadores hábeis. A família com quem passo uma temporada é risonha.[24] Ela distingue-se nesses exercícios do espírito. Ela se entrega a eles, sem reserva. Disso resulta que muitas pessoas que a visitam tomam suas imaginações como verídicas e, sem saber, ajudam-na a mistificá-las.

Se uma terceira pessoa conhece as regras, se intromete e segue o caminho errado, resumindo, se ela *brinca*, eu me congelo e desejo que se pare o jogo. Pois, jogar não é brincar e as boas histórias não me fazem rir. Elas valem somente se tomarem naturalmente o seu lugar na conversa. Nada é mais raro do que uma sociedade que se diverte e não confunde a invenção com a balela.

Normalmente, cada um salta à direita e à esquerda, para o alto e para baixo. Todo mundo se mistura e fala

---

[24] Os Vilmorin. (N.E.F.)

ao mesmo tempo. É por isso que eu me limito à sociedade com a qual estou acostumado e que usa os mesmos vocábulos que eu.

Uma das últimas vezes que me ocorreu de jantar com pessoas confusas, a pessoa que estava sentada ao meu lado me falou de *La Duchesse de Langeais*, filme de Giraudoux,[25] adaptado do romance de Balzac, que estava em exibição no cinema *Biarritz*. Como eu citava Balzac, essa senhora me disse que eu estava enganado, que o filme não era exibido no *Balzac* (sala situada na esquina da Rua Balzac), mas no *Biarritz*.

Vive-se muito com a cabeça sob a asa. Recusa-se a perceber o grau de incultura e de desordem mental em que chafurdam as pessoas. Por prudência, exercemo-nos através da multidão com um olho um pouco míope e uma orelha um pouco surda. Mas, a sociedade mundana nos respinga e nos joga no meio da merda. Logo, é doentio ir até ela. Pois, voltamos para casa com a alma lastimável, sujos dos pés à cabeça, desencorajados até o osso.

A besteira consterna e quase não dá vontade de rir. Antes, ela entristece e nos torna bestas por contágio. Nós nos desatamos e vamos até as extremidades de nós mesmos somente diante das pessoas que captam a mensagem. Eu gosto de falar. Eu gosto de escutar. Gosto que me falem e que me escutem. Gosto do riso que faísca com o choque.

Eu me lembro de um verão em Trie-Château, na casa da Senhora Casimir-Perier (Madame Simone) com Péguy, Casimir-Perier e Alain-Fournier que escrevia *Le grand Meaulnes*. O riso nos apertava até dar câimbra e

---

[25] Jean Giraudoux foi o responsável pelo roteiro desse filme de 1942, que teve a direção de Jacques de Baroncelli. (N.T.)

quando íamos dormir, uma palavra o reacendia, nos jogava nos degraus da escada que subia para os nossos quartos. Ele nos pregava ali, pela barriga, até de madrugada.

Eu sou um ótimo público. No teatro, no cinematógrafo, eu choro ou rio sem que o meu espírito crítico se abale. Nada me desagrada se uma força me empurrar, me bater, me obrigar a me deixar levar.

Por outro lado, meu espírito crítico se exercita sobre as obras que pretendem abalar outras zonas do meu eu, que não são nem a do riso, nem a das lágrimas, e de onde as lágrimas nos sobem aos olhos pelo privilégio único da beleza.

Mantenho grandes debates comigo mesmo e durante longos períodos me aceito tal como sou. Estou em um desses. Apesar de me agitar um pouco, não é menos verdade que eu ande em círculos. O que seria de mim sem o riso? Ele me purga dos meus desgostos. Ele me areja. Abre as minhas portas e janelas. Espana meus móveis, sacode minhas cortinas. É o sinal de que não afundo totalmente no contágio do mundo vegetal onde evoluo.

Mesmo que eu saiba, pelos filmes sobre a vida das plantas, que a serenidade da natureza é uma fábula, que somente o seu ritmo, diferente do nosso, nos faz acreditar nisso, que um jardim está continuamente sujeito ao erotismo, ao vício, à inquietação, à angústia, ao ódio, às agitações de todos os tipos e que ele vive *em tensão*, admito que ele não possua o riso.

É o inferno de Dante. Cada árvore, cada arbusto se retorce diante do lugar que lhe reservamos nas torturas. As flores que nele desabrocham são como os fogos que acendemos, como gritos de socorro.

Um jardim está sempre fecundado, devassado, machucado, devorado por monstros consideráveis, com couraça, asas e garras. Seus inimigos menosprezam as armas ingênuas com as quais ele se ouriça às cegas. Seus espinhos nos dão uma prova dos seus medos e nos parecem mais como um arrepio permanente do que como um arsenal.

Eu vi uma laranjeira doméstica, em Pramousquier, no Cap Nègre, perder a cabeça. Ela vivia ao sol. Uma palmeira lhe fez sombra. Essa sombra a aterrorizou. Nos quatro galhos que a palmeira cobria cresceram longos espinhos. A laranjeira se tornou novamente selvagem. Cortaram a palmeira. Os galhos se acalmaram e voltaram a ser domésticos. As pontas desapareceram dos galhos. No ano seguinte, eu os reencontrei lisos como o resto do tronco. Tudo isso por medo.

Afirmo-lhe que essa laranjeira não ria e que, mesmo livre da sombra suspeita, ela não tinha vontade de rir.

Se nós plantamos sementes, é outra geração da planta que cresce. Se nós tanchamos uma planta é a mesma que se prolonga ao infinito. (Ela recomeça jovem.) Por que não se descobre um elemento comparável à terra que permita ao homem se perpetuar, já que todo indivíduo, olhar, voz, caminhar, se encontra na menor das suas células e que plantando ali uma das suas lascas de unha, dela ele nasceria e recomeçaria do início? É porque tudo se paga. As plantas pagam esse privilégio de não morrerem, com o suplício do exíguo espaço que elas ocupam, com o estatismo, com a ancilose, com a privação de uma liberdade (relativa) de se mover que o homem possui e paga, muito caro, pelo conhecimento do pequeno espaço a percorrer e pela morte.

Em certas espécies, a árvore faz, ela mesma, o seu mergulhão, mergulha um galho na terra e, desse galho, renasce com outra idade, mas idêntica. Essas espécies evitam, assim, o intermédio do homem. Se elas pudessem, elas ririam. Pois, o riso é um grande privilégio que temos.

Nosso conhecimento se torna mais leve com o riso. Sua leveza nos consola de termos solados tão pesados para a caminhada até o cadafalso. A falsa profundidade o detesta, porque ele informa sobre a alma. Ele a desnuda, como o raio. Ocorreu-me de ouvir, por uma porta, o riso de uma pessoa contra quem nada me alertava. Seu riso atroz me revelou quem era aquela que eu desmascararia um dia.

O riso pode agir ao contrário e uma alma à qual nossa alma resiste pode vencer nossa reserva por uma gargalhada infantil.

Eu conheço uma história de crise de riso muito interessante. Em 1940, a Alemanha enviava a sua juventude às usinas de armamento. Um rapaz de Essen, empregado na empresa Krupp, foi expulso do trabalho porque ele tinha crises de riso. Transferiram-no de fábrica. Ele foi demitido de todas, porque ele ria. Não o puniram. Não se podia recriminá-lo por outro motivo. Livraram-se dele. Enviaram-no de volta para casa com esta ficha que vi em 1946: *Frivolidade incurável*.

Matar o riso de um homem é um crime. É o que acontece quando o misturamos com os problemas políticos que o fazem levar-se a sério e o questionamos sobre o que ele ignora. Ele não pode mais rir. Empertiga-se. Também é o que acontece quando não o consultamos e o tratamos com brutalidade.

Pierre Roy, que interrogo sobre suas opiniões políticas, declara: "Eu sou um anarquista moderado". Eu me pergunto se ele não encontrou a boa fórmula e se a França não está inteiramente submetida a essa tendência.

De ser sem ser

Agora, eu preciso determinar minha posição nesta casa onde me esforço para dormir. Cortei todas as ligações com Paris. Lá, abrem as minhas correspondências e me trazem apenas as que são indispensáveis. Não me comunico com ninguém. Minha urticária se desperta. Observo mais uma vez que ela gosta de passar bem e se aproveita da minha vida vegetativa. Meus braços, peito e testa queimam. Já que a origem desse mal é a mesma da asma, sem dúvida, sou incurável e posso esperar apenas ter altos e baixos. Evito o sol, que eu gostava tanto de tomar. Pela sombra, eu o margeio. No resto do tempo me tranco em casa. Leio e escrevo. A solidão me obriga a ser Robinson e sua ilha, a prospectar em mim mesmo. Não trago nenhuma inteligência que eu não tenha, mas certa audácia que tenho e que a substitui.

Incapaz de seguir uma pista, eu avanço a cabeçadas. Eu não posso seguir uma ideia durante muito tempo. Eu a deixo escapar quando deveria me aproximar e saltar sobre ela. A minha vida toda cacei desse jeito, não podendo fazer melhor. É o que engana as pessoas que consideram os meus acasos como destreza, os meus erros como estratégia. Nunca um homem esteve cercado de tanta incompreensão, de tanto amor, de tanto ódio, pois se acreditam que sou o personagem que irrita aqueles que me julgam de longe, os que se aproximam de mim reagem como a Bela quando, temendo o encontro com um monstro, descobre uma fera boa que quer apenas tocar o seu coração.

Posso dizer que as minhas mais doces amizades vêm desse contraste.

Minha lenda afasta os tolos. A inteligência suspeita de mim. O que me sobra entre esses dois? Os ambulantes que se parecem comigo, eles mudam de lugar mais do que de camisa e pagam com um espetáculo pelo direito de passar um tempo onde estão. É por isso que a minha solidão nunca parece taciturna. Eu me mostro somente nas horas da parada ou do número. Peço desculpas àqueles que moram na minha caravana e deduzem que eu guardo para eles o pior, pois assistem apenas às minhas misérias.

Como todos os vagabundos, a mania de propriedade me aflige. Procuro uma no campo. Se a encontro, ou o seu proprietário se recusa a vendê-la, porque o meu entusiasmo lhe abre os olhos sobre ela, ou ele quer vendê-la caro demais.[26]

Em Paris, eu não encontro nada que me convenha. Os apartamentos que me propõem me intimidam. Eu gostaria que eles me dissessem: "Eu te esperava".

---

[26] Desde que estas páginas foram impressas, eu comprei a casa que me esperava. Nela, corrijo as provas deste livro. Habito o seu refúgio, longe das campainhas do Palais-Royal. Ela me dá o exemplo da absurda e magnífica teimosia dos vegetais. Aqui, reagrupo as recordações dos vilarejos onde eu sonhava com Paris, como eu sonhava, depois, em Paris, com uma fuga dessa cidade. As águas do fosso e o sol pintam nas paredes do meu quarto os seus falsos mármores móveis. A primavera jubila por toda parte. (N.A.)

De tanto contar com o impossível, eu me enraízo na minha toca.

"Eu sinto uma dificuldade de ser." É o que responde o centenário Fontenelle quando ele vai morrer e seu médico lhe pergunta: "Senhor Fontenelle, o que o senhor sente?". Só que a sua é da última hora. A minha data de sempre.

Deve ser um sonho viver confortavelmente em sua própria pele. Eu tenho, de nascença, um carregamento mal feito. Nunca consegui me aprumar. Eis o meu balanço, se eu me prospectar. E, nesse estado lamentável, em vez de ficar no quarto, me aventurei por todo lado. Desde os quinze anos, eu não parei um minuto. Ocorre-me de encontrar tal ou tal pessoa que me trata com intimidade, que eu não consigo reconhecer até que uma força profunda arranca da sombra, inesperadamente, todo o cenário de um drama, onde ela desempenhava o seu papel e eu o meu, e que eu havia esquecido completamente. Eu estive tão envolvido em uma quantidade de coisas que me escapa da memória, não uma, mas cinquenta. Uma onda vinda de longe as devolve à superfície, com, como diz a Bíblia, *tudo o que há no interior*. É de não acreditar em quão pouco vestígio deixam em nós os longos períodos que precisamos viver em detalhe. É por isso que quando eu vasculho o meu passado, a primeira muda que retiro dele é uma figura que arrasta consigo a sua terra. Se procuro datas, frases, lugares, espetáculos, eu sobreponho, intercalo, borro, avanço, recuo, não sei mais nada.

Meu grande negócio é viver uma atualidade que me é própria. Eu não me gabo de ela ser mais rápida que outra qualquer, mas de ser mais ao meu gosto. Essa minha atualidade abole o tempo ao ponto de me fazer conversar com Delacroix e Baudelaire. Ela me permitia, quando Marcel Proust era um desconhecido, considerá-lo ilustre e tratá-lo como se ele possuísse a glória de que ele deveria gozar um dia. Tendo descoberto que esse estado de fora-do-tempo era um privilégio meu, que era tarde demais para adquirir outros melhores, nele, eu me aperfeiçoei e me aprofundei ainda mais.

Mas, de repente, *eu abro um olho*: percebo que eu utilizava o pior sistema para não pensar em nada, que eu me fatigava com pequenas tarefas que nos amarram e nos consomem, que eu me esforçava por muitas coisas. Eu me obstinava automaticamente. Eu era escravo desse sistema até o ponto de confundir um instinto de legítima defesa, que me soprava a revolta, com uma detestável mania de não ficar quieto.

Agora, eu conheço o ritmo. Desde que abro um olho, eu fecho o outro e "pernas pra que te quero".

Das palavras

Eu não dou nenhuma importância ao que as pessoas chamam de estilo e por meio do que elas se gabam de reconhecer um autor. Eu quero que me reconheçam pelas minhas ideias, ou melhor, pela minha postura. Eu procuro apenas me fazer ouvir o mais brevemente possível. Notei que quando uma história não fisga o espírito, ele tem tendência a ler rápido demais, a passar por cima. É por isso que, neste livro, eu contorno a minha escrita, o que obriga a não deslizar em linha reta, a recomeçar duas vezes, a reler as frases para não perder o fio.

Quando eu leio um livro, eu fico maravilhado com a quantidade de palavras que eu encontro e sonho em utilizá-las. Eu as anoto. No trabalho isso me é impossível. Limito-me ao meu vocabulário. Não consigo sair dele e ele é tão curto que o trabalho se torna um quebra-cabeça.

Eu me pergunto, a cada linha, se irei mais longe, se a combinação dessas poucas palavras que eu uso, sempre as mesmas, não acabará por se bloquear e por me obrigar a calar-me. Seria um benefício para todo mundo, mas assim são as palavras, como também os números e as letras do alfabeto. Elas sabem se reorganizar de diferentes maneiras e perpetuamente no fundo do caleidoscópio.

Eu disse que invejo as palavras dos outros. É que elas não são as minhas. Cada autor possui um saco cheio delas, para completar uma cartela de bingo e ganhar o jogo. Exceto no que concerne o estilo que eu reprovo, cujo exemplo é o de Flaubert – rico demais em vocábulo – o estilo de que gosto, o de Montaigne, o de Racine, o de Chateaubriand, o de Stendhal, não faz uso excessivo de palavras. Poderíamos contá-las rapidamente.

Eis o primeiro ponto sobre o qual um professor deveria, em classe, chamar a atenção dos seus alunos, em vez de elogiar seus belos períodos. Eles aprenderiam rapidamente como a riqueza reside em certa penúria, que *Salambô* é um bricabraque, *O vermelho e o negro* um tesouro.

As palavras ricas em cor e em sonoridade são tão difíceis de usar quanto as joias chamativas ou os tons vivos na maquiagem. Uma pessoa elegante nunca as utiliza de maneira ridícula.

Eu me surpreendo com esses léxicos em que as notas de pé de página, que pretendem esclarecer o texto, lhe retiram os pontos e revisam os seus elementos. É o que acontece com Montaigne, que não busca nada além de dizer o que ele quer e consegue, custe o que custar, mas retorcendo a frase à sua maneira. A essa maneira de retorcer a frase os léxicos preferem o vazio, se este se desenvolve bem.

Isso não incrimina o emprego excepcional de uma palavra rara, desde que ela esteja no seu lugar e ressalte a economia do resto. Eu aconselho, no entanto, admiti-la se ela não soltar muitas faíscas.

As palavras não devem escorrer: elas se encaixam. É de um seixal onde o ar circula livremente que elas tiram sua verve. Elas exigem o *e* que as cimentam, sem esquecer os *quem*, *que* e *cujo*. A prosa não é uma dança. Ela anda. É pelo caminhar ou andar que reconhecemos sua raça, esse equilíbrio próprio do indígena cuja cabeça carrega fardos.

Isso me faz pensar que a prosa elegante está relacionada ao fardo que o escritor transporta na sua cabeça e que qualquer outra resulta de uma coreografia.

Ocorreu-me, no passado, de querer compartilhar com pessoas que se pretendiam insensíveis o gosto que eu tinha por uma prosa. Lida em voz alta, com o medo de não convencer, essa prosa exibia os seus vícios.

Esse tipo de fracasso me deixou de sobreaviso. Eu desconfiava do que me seduzia à primeira vista. Pouco a pouco, acostumei-me a me apaixonar somente por escritores cujas obras abrigam a beleza sem que eles percebam, nem se preocupem com isso.

Ainda que as palavras de um vocabulário não correspondam em nada com o nosso, ocorre-me de encontrar uma expressão profissional e adotá-la. Citarei uma que se encontra nos livros de bordo: *na minha estimação*. Ela diz perfeitamente o que ela quer dizer e eu a adoto, na falta de conhecer outra que me convenha melhor.

A língua francesa é difícil. Ela repugna certas doçuras. É o que Gide expressa maravilhosamente dizendo que ela é um piano sem pedal. Não se podem afogar nela os acordes. Ela funciona a seco. Sua música dirige-se mais à alma do que ao ouvido.

O que você julga musical nos clássicos é frequentemente apenas um ornamento da época. Os grandes não escapam disso, ainda que eles o superem. Constata-se o artifício nos pequenos. Célimène e Alceste nos parecem falar a mesma língua.

É provável que as línguas mais disparatadas que escrevemos na nossa época se confundam com outra. O estilo delas se tornará quase análogo. Não surgirá nada além da diferença entre o que elas expressam e da sua exatidão em expressá-lo.

Além de as palavras significarem, elas gozam de uma virtude mágica, de um poder de *encantamento*, de uma faculdade de hipnose, de um fluido que atua fora do sentido que elas possuem. Mas ele atua somente quando agrupamos as palavras e para de atuar se o grupo formado for apenas verbal. O ato de escrever encontra-se, então, ligado a exigências: intrigar, expressar, enfeitiçar. Fascinação que ninguém nos ensina, já que é a nossa e que seja importante que a cadeia de palavras se pareça conosco para poder agir. Em suma, as palavras nos substituem e devem suprir a ausência dos nossos olhares, dos nossos gestos, do nosso caminhar. Logo, elas só podem agir sobre as pessoas permeáveis a essas coisas. Para os outros, é letra morta e assim continuará, longe de nós e depois da nossa morte.

O poder mágico das palavras agrupadas faz com que eu possa conversar com um escritor de qualquer época. Pois, elas me colocam na presença dele. Eu o interrogo. A armadura interna das palavras me deixa escutar o que ele me teria respondido. A menos que eu encontre a resposta toda escrita, o que me ocorre.

O meu livro não tem outro projeto além de iniciar uma conversa com aqueles que o leem. Ele é o contrário de uma aula. Imagino que ele ensinaria poucas coisas a quem me frequenta. Ele deseja apenas encontrar desconhecidos que pudessem gostar de me conhecer e debater comigo sobre os enigmas dos quais a Europa se desinteressa e que se tornarão o murmúrio de alguns raros mandarins chineses.

O agrupamento das palavras é a tal ponto eficaz que os filósofos, cujo sistema do mundo é afastado por outro (e assim por diante), não se implantam na memória pelo que eles disseram, mas por sua maneira de dizê-lo. Qual deles não retira da escrita a sua fortuna ou ao menos do esclarecimento particular que projeta sobre um erro? Sabemos, hoje, que Descartes se engana e nós continuamos a lê-lo assim mesmo. Logo, é o verbo que dura, por uma presença que ele encerra, por uma carne que ele perpetua.

Que me entendam bem. Eu não falo do verbo com qual se veste um pensamento. Falo de uma arquitetura de palavras tão singular, tão robusta, tão perfeitamente conforme ao arquiteto, que ela conserva sua eficácia através de uma tradução.

É o fenômeno de Pushkin, que não se pode comunicar em nenhuma outra língua além da sua. Seu *encantamento* se dá sobre os russos, independentemente do lado em que estejam. Tal culto não se pode apoiar somente sobre uma música, e já que o sentido nos chega desbotado, é preciso, então, que alguma feitiçaria se intrometa nisso. Eu a atribuo a uma gota de sangue negro que ele tinha nas veias. O tambor de Pushkin fala. Se mudarmos a batida, vira apenas um tambor.

É certo que, entre os poetas, o papel das palavras é mais vivo do que na prosa. Mas eu estimo que de uma língua à outra passem algumas intenções, se o nó das palavras é bastante forte. Shakespeare o prova. Eis porque o caso de Pushkin me parece único. Vinte vezes pedi que o traduzissem para mim. Vinte vezes o russo que aceitou o desafio, o abandonou, dizendo-me que a palavra *carne*, empregada por Pushkin, não significava mais *carne*, mas levava o seu gosto à boca e que isso pertencia somente a ele. Ora, a palavra *carne* é apenas a palavra *carne*. Ela só pode ir além pelas palavras que estão à sua volta e lhe transmitem esse estranho relevo.

A vaidade nos aconselha enviar nosso pólen às estrelas. Mas, sonho com isso, o luxo de um poeta deve ser o de pertencer apenas aos seus compatriotas. Provavelmente, o que parecia prejudicar Pushkin é, ao contrário, o que o protege e lhe vale o culto russo do qual é objeto.

A prosa é menos submissa às receitas de encantamento do que a poesia. É verdade que quanto mais ela se afasta da anedota, mais aventuroso se torna mudá-la de idioma. A menos que se dê o providencial encontro de um Charles Baudelaire com um Edgar Poe. Isto é, um encontro de dois homens iniciados no uso das ervas, temperos, drogas, doses, cozimentos, misturas e do efeito que provocam no *organismo*.

Da juventude

Eu gosto de frequentar a juventude. Ela me ensina muito mais do que a idade. A sua insolência e a sua severidade nos dão um banho de ducha fria. É a nossa higiene. Além disso, a obrigação que temos de lhe servir de exemplo nos força a andar direito. Eu compreendo que muitos dos nossos contemporâneos evitem o seu contato, que eu busco. Ela cansa porque está em plena atividade e não parece saber o que quer.

A infância sabe o que quer. Ela quer sair da infância. O mal-estar começa quando a deixamos. Pois a juventude sabe o que ela não quer, antes de saber o que quer. Ora, o que ela não quer é o que nós queremos. Ela nos frequenta para desfrutar do contraste. Quando ela se põe a querer, ocorre-me de sabê-lo mais rápido do que ela. Minhas orelhas de cavalo de circo reconhecem a música. Eu marco um ponto.

Eu me lembro de quando Radiguet tirava dos seus bolsos as armas para nos combater. Eu as usei contra mim mesmo. É o que acontece com os jovens que eu descubro. Parece que sou eu que lhes ensino, mas são eles que me dão muitas coisas. Eu devo tudo a eles.

Não há nada mais inepto do que os motivos que imputam ao meu gosto pela juventude. Suas figuras me atraem pelo que elas expressam. Esse gênero de beleza inspira somente respeito.

Não exijo nenhum respeito em troca. Na minha casa, a juventude está na casa dela. Constato que, aqui, ela esquece a minha idade e eu tenho a mesma surpresa como se eu fosse recebido de igual por igual pelos Hierofantes de Mênfis.

Erik Satie, Max Jacob compartilham esse privilégio. Eu sempre os encontrei com jovens, de braços dados.

A juventude de que falo é a das capitais, já clarividente. Ela não se engana de terreno. Descobre para si uma família de tradição anarquista. Ela a adota. Incrusta-se nela. E exercita sua ingratidão. Ela esperará ser bastante forte para assassiná-la e colocar fogo na casa.

Os jovens do interior usam outro método. Eles nos escrevem. Queixam-se. Pedem socorro. Eles querem fugir de um meio para outro capaz de compreendê-los e de ajudá-los. Se eles chegam a pé de Charleville (pois o rimbaldianismo ainda os ocupa), aprendem rapidamente o novo ritmo.

Logo, seria absurdo esperar pelo reconhecimento da juventude e se sentir glorioso que ela venha se refugiar na nossa casa. Ela gosta de nós na medida em que os nossos defeitos a informam, em que nossas fraquezas lhe servem de desculpa, em que nosso cansaço nos coloca à sua mercê. É desse amálgama que nos devemos beneficiar e aproveitar dela tanto quanto ela aproveita de nós. Para ela, as nossas obras são uma pantufa. Servem apenas para afiar os seus dentes.

É ridículo encarar a juventude na forma de mito e em bloco. Por outro lado, é ridículo temê-la, colocar uma mesa entre nós, fechar-lhe a porta na cara, fugir quando ela se aproxima.

É claro que ela é mitômana. É claro que ela é folgada. É claro que ela nos devora o tempo. E daí?

Naturalmente, ela nos amarra em um entrelaçado de mentiras. Naturalmente, ela coloca uma máscara desde que nos aborda. Naturalmente, ela nos denigre para os outros e, se segue o caminho errado, a responsabilidade nos é atribuída.

Devemos correr esses riscos, pelo simples fato de que essa juventude nos tranquiliza, provando-nos que ela escapa da política e transmite o segredo do fogo.

Muitos jovens me confessaram, ao fim de um longo tempo, que tinham vindo a mim ou por causa de uma aposta, ou porque tinham lido meu nome em um cartaz, ou para desobedecer à sua família.

O seu silêncio me desmoralizava. Eu o enriquecia com mil reservas. Ele só podia vir do medo de dizer tolices.

Isso não me impede de cair, outra vez, na armadilha. Pois a juventude nos intimida porque lhe creditamos um segredo. É a força do seu silêncio. Nós o preenchemos por nossa conta. A juventude não demora a perceber isso e brinca com essa arma. Seu silêncio se torna sistemático. Ela exercita-se em desconcertar.

É importante ficar atento a isso. Após a sua partida, esse silêncio mortal nos adentra e provoca estragos. Sua vítima descobre nele uma crítica ao que faz. Ela a sopesa, a aprova. Ela se repugna, se paralisa. Cai da árvore, com o bico aberto.

Eu vejo artistas que estão à mercê dessa aventura perderem o pé, incapazes de se reestabelecerem, não podendo ficar sem seus carrascos.

Às vezes, eu fico muito surpreso com a solidão dos nossos jovens monstros. Saindo da nossa casa, eles perambulam pelas ruas. Resmungam por não encontrar ninguém da idade deles que lhes convenha. Alguns nos chegam do vilarejo onde moram. Não o confessam. Demoram. Perdem o trem. Nós os levamos até a porta sem compreender o que está acontecendo, que eles não podem pagar um hotel, nem voltar para casa. A sua atitude se torna, então, tão estranha que me acontece de temer que eles se afoguem. O que fazer? Eles se calam. Impossível tirá-los do buraco que cavam para si, livrá-los de uma queda em que sua terrível inércia nos arrastaria.

Mas eles sabem que nem todas as portas estão fechadas para eles, que eu percebo as suas angústias, que eu os escuto, que lhes falo se eles não falarem, que lhes dou receitinhas. Resumindo, é uma noite vazia, na qual eles se procuram. Esse minuto entre a infância e a juventude é o pior. Eu já o disse.

Lembremo-nos do nosso próprio drama. O meu foi tardio e muito pouco engraçado. Os meus dados estavam viciados. Eu avançava orgulhosamente pelas casas do jogo do ganso. Foi preciso voltar ao ponto de partida e tomar as rédeas.

Encontros que poderíamos ter tido e que não tivemos nos teriam salvado a aposta. Para a juventude, talvez sejamos um desses encontros.

Infelizmente, responder todas as cartas de chamado, receber todas as visitas de desespero é impossível. Seria como presidir o Clube do Suicídio. Desconfiemos dos afogados que se agarram em nós e nos afogam.

Responder é atrair uma carta que pede uma resposta e assim por diante. Interromper bruscamente é parecer desdenhoso. É melhor não responder e, se abrirmos a porta, deixar voltar apenas as figuras que são marcadas com algum sinal.

Esse perigo não é o menor.

Por que os jovens estudantes faltam com o seu dever e que dever é esse? Eu lhes vou dizer. Eles deveriam estar munidos de grandes aventuras do espírito. Como o compreenderiam? Seu conformismo os cega. O que lhes esconde isso é uma anarquia brincalhona, anarquia de superfície, sem sombra de diretrizes e que eles não hesitam ativar contra as empreitadas mais nobres. Sua ignorância, juntamente com o orgulho que sentem dela – pois eles se julgam infalíveis – o prazer de também balburdiar (essa é a palavra) os opõem a si mesmos sem que eles percebam. Assobiando para a audácia, eles se direcionam o mesmo assobio e colocam do lado da sua família cujas punições desdenham.

Além disso, o passado os desagrada. As obras clássicas representam para eles apenas horas de retenção, livros sujos, exercícios de castigo. Nenhum deles se imagina limpando a poeira, encontrando de baixo dela o essencial. Eles se surpreenderiam, então, que Racine esconda, sob uma capa de costumes, uma aterrorizante intensidade. Em vez de ir, em bando, ao teatro rir das tragédias racinianas, eles atacariam os atores que as tornam ovais. É o contrário que acontece. Um mau ator de tragédias pode fazê-los esquecer sua atitude zombeteira. Eles aclamam os seus defeitos.

Eis, então, essa juventude surda, cega ao que se fazia, ao que se faz, ao que se vai fazer. O que resta? Uma desordem. Um hiato que ela preenche organizando passeatas estudantis, carregando placas, vaiando em uníssono. Eis que estamos sozinhos, se for preciso lutar. Nossas tropas de choque nos faltam e até se voltam contra nós.

O abade Morel me contou sua palestra sobre Picasso, na Sorbonne. Ele projetou as obras do artista. Os jovens estudantes, que lotavam o anfiteatro, riam com sarcasmo, batiam os pés no chão, vaiavam. Sem transição, o abade projetou obras-primas da escultura romana. Seus ouvintes acreditaram ser do Picasso. Eles vaiaram, bateram os pés, riram. O abade esperava por isso e lhes mostrou sua estupidez. Ora, essa juventude, hábil em mistificar e que empresta essa habilidade aos artistas, saboreou bem a armadilha em que havia caído e aplaudiu o seu mistificador.

Nem mesmo um desses jovens foi capaz de pedir a palavra, vencer Picasso com armas novas, isto é, lhe opor algo ainda mais contundente, correr mais rápido que o abade Morel, virar e atacá-lo de frente.

Eu me apresso em dizer que não tenho o poder de medir as aptidões de cada Faculdade em nos ajudar. Suponho que a Faculdade de Ciências é mais centrada em problemas, mais apaixonada por pesquisas precisas do que a Faculdade de Letras. Mais rica em pesquisadores do que em pedagogos. Suponho ainda que os professores da Faculdade de Letras devem ser culpados, salvo desculpa de que querendo excitar a mente de uma classe, a isso renunciam diante da preguiça que ela tem de sair dos trilhos.

Eu sempre constato, não sem saber que a política desempenha atualmente o papel principal, como os jovens estudantes reagem pouco ou reagem mal.

Eu não peço o impossível. Não se trata de uma longa pesquisa à margem do programa, nem das nuanças de uma política profunda da qual estamos cansados. Eu peço aos alunos um impulso inculto em direção ao que sai das rotinas e para pensarem, segundo as palavras de Jacques Rivière, *que há um tempo para que zombemos dos outros e um tempo para que zombem de nós.*

O Senhor Bergeret é um sábio quando conserva longamente entre as suas a mão do Senhor Roux depois da leitura do seu poema simbolista. Ele *temia ofender a beleza desconhecida.*

Não é essa prudência de parlamentar que desejo para os alunos. Eu queria para eles a imprudência, que eles se exaltassem com o que os choca. Conheço professores mais jovens do que eles.

Quando falei, há muito tempo, no Collège de France, fiz primeiramente uma visita ao diretor. Subi até o seu gabinete, devagar por causa da lembrança de inúmeras advertências. Eu encontrei um senhor encantador e muito jovial. "Desconfie, disse-me ele, dos nossos alunos. Eles gostam apenas de anotar datas e de não ser incomodados."

Eu também os abalei. É um bom método. Eles não se lembram de nada além de uma sacudida. Mas, essa sacudida os desmoraliza um momento.

Eu me resumo. Não sou bastante louco para esperar que uma multidão de alunos saiba, por prodígio, o que não se ensina. Eu gostaria que eles não cortassem suas antenas, com orgulho, como os pelos de uma primeira barba. Eles ganhariam em gravar as ondas estarrecedoras que a beleza propaga. Que fosse a torto e a direito.

Da beleza

A beleza é uma das artimanhas que a natureza usa para atrair os seres uns em direção aos outros e garantir, para si, o apoio deles.

Ela a usa na maior desordem. É o que o homem chama de vício, sendo comum a todas as espécies, cujo mecanismo funciona às cegas. A natureza alcança, custe o que custar, os seus fins.[27]

Nós imaginamos mal as molas de tal mecanismo entre os astros, já que a luz que os revela resulta de um reflexo ou, como toda luz, de uma decomposição. O homem pensa que eles lhe servem de lustres, mas os observa somente no seu desgaste e na sua morte.

É certo que o ritmo dessa grande máquina é um ritmo cruel.

Os apaixonados mais ternos colaboram com isso. O beijo deles é apenas o enfraquecimento da sucção do vampiro, um rito que representa o ato de se apropriar do sangue da pessoa amada, de fazer a troca de sangue.

---

[27] As cadelas montam os cães. As vacas se montam entre si. Essa desordem é, às vezes, uma ordem. Os indígenas das ilhas a transformaram em uma regra antes que os missionários chegassem. Tratava-se de evitar o superpovoamento. (N.A.)

Esse desejo do sangue do outro se expressa ainda mais quando os lábios chupam a pele ao ponto de formar uma ventosa, de atrair o sangue e de deixar um *roxo*, mancha que junta o exibicionismo ao vampirismo. Essa mancha proclama que a pessoa que a carrega, normalmente no pescoço, é a presa de um ser que a ama ao ponto de querer lhe arrancar sua essência para misturá-la à sua.

As flores, por sua vez, continuam a ser a armadilha ingênua que foram na origem. Eu as observo em um jardim de testes, onde se cruzam as espécies. O luxo que nós lhes atribuímos não existe para elas, cuja cor e perfume servem apenas para assinalar sua presença aos veículos dos seus amores.

Nós imaginamos, se nos esquecermos do nosso tamanho, esses cavaleiros (os insetos) em um palácio translúcido, com quartos frescos, vastos, cheirosos.

O *arum maculatum* aprisiona o cavaleiro, graças a um dispositivo de grades, até que ele esteja lambuzado de esperma e que o apartamento das mulheres lhe seja aberto.

Eu teria o jogo nas mãos se me estendesse neste capítulo. Mas, eu não tinha dito que este livro não poderia ser uma aula?

O que me intriga, é antes a similitude desses espetáculos eróticos. O mundo é mais simples do que acredita a nossa ignorância. Cada vez mais, parece-me que a sua máquina funciona bastante grosseiramente, de uma vez por todas e por toda parte.

A beleza, na arte, é uma astúcia que a eterniza. Ela viaja, cai na estrada, fecunda os espíritos. Os artistas lhe fornecem o veículo. Eles não a conhecem. É por meio deles e fora deles que ela se obstina. Se eles quiserem capturá-la a força, produzirão apenas o seu artifício.

A beleza (que não é bela para si mesma, mas simples servidora de um sistema nupcial) se aproveita de um pintor, por exemplo, e não o larga mais. Isso, frequentemente, determina o desastre na progenitura de certos criadores que pretendem procriar pela via carnal e brincar com os dois quadros. Que pensem que a beleza não tem espírito crítico nem que ela o prove. Não é nem um, nem outro. Ela está sempre na vanguarda, qualquer que seja.

Ela sempre encontra aqueles que a esposam, asseguram a sua continuidade.

O seu raio, atingindo as vanguardas, abrasa as obras que provocam escândalo. Ela evita as representações ineptas da natureza.

O hábito de uma representação inepta da natureza é tão bem ancorado no homem que ele a adora até mesmo nas obras de pintores em que ela desempenha apenas um papel de pretexto para pegar impulso. Quando essa representação oferece ao homem anedotas do sonho ou do espírito, pintadas com uma legibilidade equivalente, ele se revolta. A anedota não lhe concernindo mais, mas concernindo *outro*. Seu egoísmo o desvia dela. Ele se erige em juiz. Condena. O crime é de ter querido distraí-lo da sua própria contemplação.

Do mesmo modo que o homem não lê, mas se lê, ele não olha, ele se olha.

A arte existe no momento em que o artista se afasta da natureza. O meio pelo qual ele se afasta lhe dá o direito de viver. Isso se torna uma ridícula obviedade.

Mas o afastamento se pode produzir enquanto é imperceptível. (Eu penso em Vermeer e em certos modernos muito jovens.) É um cúmulo da arte. A beleza se introduz ali disfarçadamente. Ela prepara uma armadilha perfeita, de aparência ingênua como a das plantas. Ela atrairá o mundo, sorrateiramente, sem provocar o medo que a sua figura de Górgona sempre provoca.

Diderot me irrita quando ele descreve em detalhe as anedotas de Greuze. Baudelaire me irritaria ao descrever as de Delacroix se ele não fosse fecundado por esse pintor. Dante motiva a armadilha Delacroix. Delacroix motiva a armadilha Baudelaire. O fenômeno se vê a olho nu na fecundação Delacroix-Balzac (*A menina dos olhos de ouro*).

De século em século, a *Monalisa* atrai a colmeia dos olhares às armadilhas que Leonardo acreditava preparar para a beleza única do seu modelo.

No cinematógrafo, cada filme, graças à ausência de cor, escapa à banalidade e se beneficia acidentalmente do privilégio da obra de arte. A beleza se aventura ali o mínimo possível. A cor arruinaria esse equívoco. Tudo será feio, menos o belo.

As pessoas se aborrecem com o filme em cores, porque não o acham próximo o suficiente da natureza. Uma vez mais, é por meio do divórcio do filme com a natureza que a cor reinará e que a beleza a utilizará.

O instinto reprodutivo leva o poeta a lançar suas sementes além das suas fronteiras.

Eu repito, mal transmitidas, elas agem. Certas espécies (Pushkin) se recusam a transmitir-se. O que não as impede de voar ao largo e, mesmo reduzidas a pouca coisa, de agir.

Shakespeare continua sendo o exemplo da planta explosiva. Seus germes se aproveitaram das asas e das tempestades. Neles, a beleza se precipita através do mundo nos antúrios.

Se nós pudéssemos medir a distância que nos separa dos que acreditamos mais próximos, teríamos medo. O bom entendimento é feito de preguiça, de polidez, de mentiras, de uma multidão de coisas que dissimula as suas barricadas. Até mesmo um acordo tácito comporta tal desacordo no detalhe e no itinerário, que haveria como se perder e nunca mais se reencontrar. Se nós encontrarmos um espírito que acreditamos movido por um mecanismo análogo ao nosso e que nos surpreende com a sua rapidez em percorrer as zonas que nos ocupam, aprenderemos, em seguida, que ele se especializa, por exemplo, na música e aí, prova o milagre que parecia aproximá-lo de nós. O sentimento o arrastou para longe da inteligência. Esta não exerce mais controle. Uma fraqueza, admitida na origem, mimada, fortificada, trabalhada a cada minuto, acabou por formar os músculos do atletismo e por sufocar o resto. Eis uma alma apta a compreender tudo e que não compreende nada. O emprego do que nos seduzia continua nulo. Essa rebelde gosta de música ruim e se dedica a ela. Surda às riquezas verdadeiras, ela não está livre nesse ponto central. Em qualquer outra estrada ela circula com facilidade. Um membro atrofiado é o único que ela utiliza e o triste espetáculo dessa atrofia lhe dá orgulho.

Mais grave é o aparente entendimento sobre tudo. É o que nos permite viver e que a arte explora a fim de nos convencer a servi-la. Uma obra é a tal ponto a expressão da nossa solidão que nos perguntamos que estranha necessidade de contatos leva um artista a exibi-la.

A obra de arte, por intermédio da qual um homem *se expõe heroicamente* ou com uma extrema inconsciência, outra forma de heroísmo, criará raiz no outro, graças a subterfúgios comparáveis aos que a natureza usa para se perpetuar. A obra de arte exerce um sacerdócio indispensável, ou o homem, por mimetismo, não se curva, com o tempo, aos métodos universais da criação? É certo que ele é o seu escravo, que, sem saber, ele reveste a sua força criativa com uma parafernália decorativa própria para testemunhar a sua presença, para intrigar, para assustar, seduzir, subsistir a qualquer custo por sinais sem a menor relação com a sua missão e com um artifício igual ao das flores.

 Uma obra carrega em si a sua defesa, que consiste em numerosas concessões inconscientes que lhe permitem convencer o hábito e se implantar pelo mal-entendido. Graças a esse apoio, ela se agarra e seu germe secreto trabalha.

 Um artista não pode esperar nenhuma ajuda dos seus pares. Toda forma que não é a sua lhe deve ser insuportável e atrapalhá-lo antes de tudo. Eu vi Claude Debussy doente nos ensaios da orquestra da *Sagração*. Sua alma descobria o esplendor do espetáculo. A forma que ele havia dado à sua alma sofria com outra que não casava com os contornos da primeira. Logo, nenhuma ajuda. Nem dos nossos pares, nem de uma multidão incapaz de admitir, sem revolta, uma violenta ruptura com os hábitos que ela começava a adquirir. De onde virá a ajuda? De ninguém. É aí que a arte começa a empregar as obscuras manobras da natureza em um reino que se opõe a ela, que parece até mesmo combatê-la ou virar-lhe as costas.

Eu tenho um amigo cujo exemplo é típico. Sua contribuição é incalculável. Ele se chama Jean Genet. Ninguém melhor do que ele se tinha armado contra os contatos, ninguém preservava melhor sua solidão. Ora, é justamente a prisão, o erotismo, toda uma psicologia nova e, por assim dizer, psicológica, todo um arsenal *repugnante*, que lhe vale o contato, intriga e atrai aqueles que, ali, parecem ser mais rebeldes. Pois o seu gênio projeta, com toda potência, forças que, emitidas pelo talento, seriam apenas pitorescas. Ele obedece surdamente à ordem para expedir seus germes. O jogo está feito. Fiel ao seu velho método, a beleza adota uma cara de criminoso. Eu penso nisso, diante de uma fotografia de Weidmann que Genet me deu. Enfaixado, ele está tão bonito que nos perguntamos se o crime não emprega a astúcia universal e se não é um dos seus meios de atrair o que ele mata, de exaltar os seus prosélitos, de exercer um prestígio sombrio, resumindo, de se perpetuar.

Um homem é capaz de penetrar o mistério que eu analiso e de tornar-se o seu mestre? Não. A própria técnica é um engodo. Wilde observa, com razão, que a técnica é apenas a individualidade. Os técnicos, no meu filme *A Bela e a Fera*, me atribuem uma técnica de primeira ordem. Não tenho nenhuma. Não há nenhuma. Provavelmente, chamamos de técnica os malabarismos de cada segundo que a mente executa instintivamente para não fracassar. É o que resume a grande fala de Picasso: "O ofício é o que não se ensina".

Mas eu insisto. Precisamos viver ombro a ombro com espíritos, de quem somos separados por um espaço mais fúnebre do que o dos átomos e dos astros. Eis do que se compõe uma sala de teatro diante da qual nos expomos desaforadamente. Eis o vazio para onde enviamos nossos poemas, nossos desenhos, nossas críticas. Eis o parque onde zumbem insetos preocupados com o seu alimento e que a usina do mundo contrata para outros fins.

Pois, admitindo que alguns desses insetos tenham opiniões, isso não atrapalha a regra. Ela é bastante robusta para sofrer fracassos. Não leva em conta o número. Funciona no atacado. Sua prodigalidade se despende a mancheias. Ela ignora o código. Que muitas das suas balas se percam, pouco lhe importa, tem uma fartura delas. Ela tenta acertar uma no alvo.

Dos costumes

Escrever é um ato de amor. Se não for, não passa de escrevinhadura. Esse ato consiste em obedecer ao mecanismo das plantas e das árvores e em lançar longe de nós o esperma. O luxo do mundo está na perda. Isto fecunda, aquilo erra o alvo. Assim é o sexo. O centro do prazer é muito vago, ainda que ele seja muito vivo. Ele convida a raça a se perpetuar. O que não o impede de funcionar às cegas. Um cachorro desposa a minha perna. Uma cadela se esforça em cima de um cão. Certa planta, outrora alta, agora atrofiada, ainda fabrica, para a sua semente, um paraquedas que cai no chão antes de se poder abrir. As mulheres das ilhas do Pacífico dão à luz na bosta bovina a fim de deixar crescer apenas as crianças fortes. Por medo de superpovoamento, essas ilhas favorecem o que se costuma chamar de maus hábitos.

Os soldados, os marinheiros, os peões das fábricas, que se entregam a esses hábitos, não veem nenhum crime nisso. Se virem, é porque o vício os espreita. O vício, eu escrevi, começa na escolha. Há um tempo, em Villefranche, eu observei marinheiros americanos, para quem o exercício do amor não apresentava nenhuma forma definida e eles se ajeitavam com qualquer pessoa ou qualquer coisa. A ideia de vício não lhes passava pela mente. Eles agiam às cegas. Curvavam-se instantaneamente às regras muito confusas dos reinos vegetal e animal. Uma mulher fértil deforma-se com o uso, o que prova a sua nobreza e que ela é mais difícil de ser usada esterilmente do que um homem, que oferece apenas um objeto de luxo aos desejos cegos da carne. Acredito que eu não sirva para isso, mas como gosto de frequentar a juventude, com a qual tenho muito que aprender, e como uma bela alma se vê no rosto, a vida quis outra coisa para mim. Além disso, eu estimo que a partir de certa idade essas coisas são torpes, não permitem a troca e tornam-se igualmente risíveis, quer se trate de um sexo ou do outro.

Em suma, eu levo uma vida de monge. Vida incompreensível em uma vida em que os habitantes pensam apenas em se esfregar uns nos outros, em procurar esse tipo de prazer, que seja pela dança, em imputá-lo aos outros, em acreditar que toda amizade é suspeita.

Pouco importa. Nós não devemos chamar a atenção. Mas, enganam-se sobre nós, quanto mais nos cobrem de fábulas, mais nos protegem e nos ensinam a viver em paz. Basta que os próximos nos estimem. A imagem que os outros têm de nós é algo que não podemos controlar.

Uma senhora que eu havia convidado a almoçar ofereceu-me tal descrição de mim que eu me levantei da mesa para desculpar-me com ela: "A senhora compartilha, eu lhe disse, a refeição de uma pessoa que eu não conheço e que eu não gostaria de conhecer". Essa senhora acreditava ser amável. Provavelmente, minha pessoa não lhe atraía. Ela conhecia outra, construída à direita e à esquerda e que a fascinava.

Onde o sentido da beleza, eu quero dizer o que nos leva à beleza, tem a sua fonte? Onde ele começa? Onde termina? Que centro nervoso a revela? O emprego gratuito da sexualidade assombra todos os homens de grande raça, saibam eles ou não. Michelangelo nos mostra isso. Da Vinci o murmura. Suas confissões me intrigam menos do que inúmeros indícios de uma ordem considerada desordem e que não chega até os atos. O que querem dizer os atos? Eles dizem respeito à Polícia. Eles não nos interessam. Picasso é um exemplo desse registro. Esse homem de muitas mulheres é misógino nas suas obras. Nelas, ele se vinga da autoridade que as mulheres exercem sobre a sua pessoa e do tempo que elas lhe tomam. Ele se obstina contra seus rostos e suas toaletes. Por outro lado, ele afaga o homem e, não tendo do que se queixar, o elogia por meio da pena e do lápis.

Da linha

Eu teria o que dizer sobre uma multidão de assuntos que se apresentam a mim. Mas, eu me oponho a isso, por princípio. Certa preocupação me serve de carcaça e sair dela seria me perder. Onde eu pararia? Eu pareceria esses pintores que pintam a moldura (e por que não a parede e o imóvel), esses tziganos que desciam do tablado, tocavam de mesa em mesa e podiam muito bem continuar na rua.

Há muitos anos, eu me distancio do romance, em uma época de romances-rios dos quais os leitores saltam parágrafos e não podem mais se introduzir, sem esforço, em aventuras alheias.

Eu sempre evitei os sobrenomes nas minhas peças e quase sempre nos meus livros. Eles me incomodam como um convite apressado demais a penetrar na casa de desconhecidos. Eu esperava ser assombrado por dois projetos: o de um filme em que mergulho no banho lustral da infância, o de um livro tal que eu teria desejado carregar no meu bolso quando era muito jovem e muito só. Fiz o filme: *A Bela e a Fera*. E faço o livro: o que estou escrevendo.

Depois de *Ifigênia*, Goethe declara que ele encerrou a sua obra e que o que lhe vier será um presente do acaso.

Eu tendo a acreditar que mexi minha colher em todas as direções e que não resta nada no fundo. Tanto melhor se me engano. Senão, não sentiria nenhuma amargura. Pois as pessoas gostam de dizer que estamos sem inspiração ao passo que elas não sabem nada da nossa obra. Conhecem apenas alguns fragmentos, que elas tomam pelo todo e esperam com ansiedade pela continuação, sem ter lido o começo. Será agradável cruzar os braços, ver meu trabalho criar raízes, estender os galhos para o lado do sol e me fazer sombra.

Que não venham imaginar que a preocupação que me move é de ordem estética. Ela decorre apenas da linha.

O que é a linha? É a vida. Uma linha deve viver sobre cada ponto do seu percurso de tal maneira que a presença do artista se imponha mais que a do modelo. A massa julga a partir da linha do modelo, sem entender que ela pode desaparecer em benefício da linha do pintor, contanto que a sua linha tenha vida própria. Por linha eu entendo a permanência da personalidade. Pois, do mesmo modo que em Matisse ou Picasso, a linha existe na obra de Renoir, Seurat, Bonnard e em obras em que ela parece se dissolver na pincelada e na mancha.

Na obra do escritor, a linha prima pelo conteúdo e pela forma. Ela atravessa as palavras que ele reúne. Emite uma nota contínua que nem o ouvido nem o olho percebem. De algum modo, ela é o estilo da alma e se essa linha parar de viver, se ela desenhar apenas um arabesco, a alma estará ausente e a escrita morta. É por isso que eu repito incessantemente que o progresso moral de um artista é o único que vale a pena, já que essa linha debanda desde que a alma enfraquece a sua chama.

Não confunda progresso moral e moral. O progresso moral consiste apenas em resistir.

Proteger a linha se torna nossa terapia, tão logo a sentimos frágil ou quando ela bifurca como um fio de cabelo maltratado. Nós a reconhecemos mesmo quando ela não significa. E se nossos pintores fizessem uma cruz em uma folha, eu saberia muito bem lhe dizer quem a fez. E se entreabro um livro, eu a distingo antes de abri-lo completamente.

Dessa linha reveladora, as pessoas olham o que a veste. Quanto mais visível, menos elas a veem, tão acostumados que estão a admirar apenas o que a enfeita. Elas chegam a preferir Ronsard a Villon, Schumann a Schubert, Monet a Cézanne.

O que podem aprender sobre Erik Satie, em cuja obra essa linha adorável passeia nua? Sobre Stravinsky que busca unicamente esfolá-la viva?

Os drapejados de Beethoven e de Wagner as entusiasmam. Elas não são menos incapazes de ver a linha deles, no entanto, muito grossa, ao redor da qual esses drapejados se enrolam.

Você me dirá que um homem não exibe seu esqueleto, que seria o pior atentado ao pudor. Mas essa linha não é um esqueleto. Ela realça o olhar, o timbre da voz, o gesto, o caminhar, um conjunto que compõe a personalidade física. Ela testemunha uma força motriz que tem uma natureza e um foco sobre os quais os filósofos não conseguem entrar em acordo.

Nós a percebemos antes que uma música, uma pintura, uma estátua, um poema nos falem. É ela que nos emociona quando um artista decide romper com o mundo visível e obriga suas formas a obedecer-lhe.

Pois a música, ainda que ela pareça não estar submetida à representação, ela o está na medida em que ela se parece com o que o compositor se propõe a dizer. Nenhuma arte pode dizer tantas tolices e banalidades. E se o compositor se afasta dos hábitos do ouvido, ele desagrada o seu público como nos casos do pintor ou do escritor.

No caso do compositor, um fenômeno bastante raro permite ver a linha fantasma de outra maneira além de um sentido suplementar. É quando ela se encarna em uma melodia. Quando uma melodia se casa com o percurso da linha ao ponto de se integrar a ela.

Quando eu estava compondo *Oedipus Rex* com Stravinsky, nós percorremos os Alpes-Marítimos. Estávamos em março. As amendoeiras floresciam nas montanhas. Em uma noite, quando fizemos uma parada em um bar, nós contamos algumas melodias de *Fausto*, em que Gounod se supera. Elas evocam a velocidade do sonho. Nosso vizinho de mesa se levantou e se apresentou. Era o neto do compositor. Ele nos contou que Gounod sonhava com as melodias de *Fausto* e as anotava ao despertar.

Não se diria o prolongamento das faculdades que nos permitem voar em sonho?

É por causa delas que a Senhora J.-M. Sert (de quem seria necessário citar quase todas as palavras) dizia que em *Fausto* estamos apaixonados e que em *Tristão* fazemos amor.

Essa linha ideal nos retraça a vida dos ilustres mestres. Ela acompanha os seus atos e os costura. Ela é, provavelmente, a única precisão que resiste às falsas perspectivas da História. Ela salta aos olhos da alma antes que a memória se intrometa.

Sem falar de Shakespeare, um Alexandre Dumas sempre o explora. Ele o emaranha na sua fábula e nos impressiona com uma verdade mais sólida do que a de um bastão que se quebra na água do tempo.

É, também, essa linha que o grafólogo sabe extrair de uma letra, quaisquer que sejam os artifícios que a mascaram. Quanto mais ela se mascara, mais ela se entrega. Pois, as causas do artifício engrossam as peças do processo.

Independentemente do que pensa disso uma vendedora de livro que me acusa de deixar os outros correrem os riscos e de fincar a bandeira, minha linha é feita de choques e riscos. A senhora veria, em estudo, que a sua metáfora militar é no mínimo suspeita. Se não formos ao ataque, como fincaremos a bandeira? É justamente o medo de me tornar menos apto a esse encargo que me aconselharia fechar a butique. Para mim, também seria impossível, enquanto eu tiver boas pernas, não correr para a linha de frente, distrair-me com o que se faz lá.

No conjunto, uma linha de combate atravessa minhas obras. Se me ocorre de apropriar-me das armas do adversário, eu as conquistei na batalha. É pelo resultado que as julgamos. Ele tinha de tê-la usado melhor.

Da amarelinha ao cartaz, eu reconheço quase todos os motivos que Picasso adota nos diferentes bairros onde ele mora. Eles são, para Picasso, o *motivo* dos paisagistas, mas ele os mescla a domicílio e os eleva à dignidade de servir.

Durante a época de ouro do cubismo, os pintores de Montparnasse entrincheiravam-se por medo de que Picasso lhes levasse alguma semente e a fizesse brotar em seu solo. Em 1916, eu assisti a intermináveis conciliábulos diante de uma porta entreaberta, quando ele me levava à casa deles. Era preciso esperar que, primeiro, eles guardassem, a chave, as telas recentes. Eles também desconfiavam uns dos outros.

Esse estado de sítio alimentava os silêncios da *Rotonde* e do *Dôme*. Eu me lembro de uma semana em que cada um, ali, cochichava e se perguntava quem havia assaltado a casa de Rivera, a fórmula para pintar as árvores pontilhando o preto com o verde.

Inebriados com os pequenos achados, os cubistas não percebiam que eles os deviam a Picasso ou a Braque, que os orquestrando, só teriam recuperado o seu bem. De resto, eles não deviam se dar o trabalho, já que nossa linha assimila mal uma forma estrangeira e rejeita o que a *empenaria*, como se diz de uma roda.

E, quando eu falo dos meus empréstimos de armas, eu não falo da minha escrita, mas de escaramuças, em que um giro rápido me permite virar contra o adversário as armas que ele apontaria contra mim.

Então, eu aconselho os jovens a adotarem o método das belas mulheres e a *apurarem sua linha*, a preferirem o magro ao espesso. E a não se observarem no espelho, mas simplesmente se observarem.

De um mimodrama

Nossa máquina se desmembra cada dia mais e a cada manhã o homem acorda com um novo entrave. Eu o constato. Minhas noites, eu as dormia de uma vez. Agora, acordo no meio da noite. Desencorajo-me. Levanto-me. Ponho-me a trabalhar. É o único jeito de me esquecer das minhas feiuras e ser bonito na minha mesa. Este rosto da escrita é, no final das contas, o meu verdadeiro rosto. O outro, apenas uma sombra que se apaga. Que eu construa rapidamente meus traços de tinta para substituir aqueles que se vão.

É esse rosto que eu me esforço para afirmar e embelezar com o espetáculo de um balé, apresentado ontem à noite, 25 de julho de 1946, no Teatro des Champs-Elysées. Eu me senti bonito pelos bailarinos, pelo cenário, pela música, e como esse sucesso suscita controvérsias que ultrapassam a satisfação do autor, eu me proponho estudá-las.

De longa data, eu procurava empregar, de uma forma diferente do cinematógrafo, o mistério do sincronismo acidental. Pois uma música não encontra respostas somente em cada indivíduo, mas também em uma obra plástica com a qual a confrontamos, se essa obra é do mesmo registro. Não somente esse sincronismo tem um ar de família que casa com o aspecto geral da ação, como também – e é aí que mora o mistério – sublinha os seus detalhes para grande surpresa daqueles que consideravam o seu uso um sacrilégio.

Eu conhecia essas esquisitices pela experiência dos filmes, em que qualquer música um pouco alta integra os gestos e as paixões dos personagens. Faltava provar que uma dança, ajustada sobre ritmos favoráveis ao coreógrafo, podia prescindir deles e se fortalecer em um novo clima musical.

Nada é mais contrário ao jogo da arte do que o pleonasmo dos gestos que representam notas.

O contraponto, o sábio desequilíbrio de onde nascem as trocas, não se pode produzir quando o equilíbrio de todo repouso gera a inércia.

É de uma organização delicada de desequilíbrios que o equilíbrio tira o seu encanto. Um rosto perfeito o demonstra quando o desdobramos e o reconstruímos com seus dois olhos esquerdos. Ele se torna grotesco. Os arquitetos o sabiam, no passado, e nós constatamos na Grécia, em Versalhes, em Veneza, em Amsterdã, de quais linhas assimétricas é feita a beleza de seus edifícios. O fio de prumo mata essa beleza quase humana.

Conhecemos a banalidade, o tédio mortal dos nossos imóveis nos quais o homem se renuncia.

Há aproximadamente um mês, em um almoço com Christian Bérard e Boris Kochno, depositário dos métodos de Serge de Diaghilev, eu considerei possível uma cena de dança na qual os artistas estudariam em ritmos de jazz, na qual esses ritmos seriam considerados simples instrumentos de trabalho e, em seguida, cederiam o lugar a alguma grande obra de Mozart, de Schubert ou de Bach.[28]

A partir do dia seguinte nós trabalhamos para tornar esse projeto definitivo. O palco seria o pretexto de um diálogo gesticulado entre a Senhorita Philippart e o Senhor Babilée, em quem eu vejo bem a energia de Waslav Nijinsky. Eu decidi colocar a mão na massa somente na medida em que eu contaria minuciosamente ao cenógrafo, ao figurinista, ao coreógrafo, aos intérpretes, o que eu esperava deles. Escolhi o cenógrafo Wakhévitch, porque ele é cenógrafo de filmes e eu desejava o relevo de onde o cinematógrafo extrai o seu sonho; a Senhora Karinska, como figurinista, auxiliada por Bérard, porque eles conhecem melhor que todos a ótica dos tablados; o coreógrafo Roland Petit, porque ele me escutaria e me traduziria na língua da dança, que eu falo suficientemente bem, mas cuja sintaxe me falta.

O palco representa um ateliê de pintor muito pobre. Esse ateliê é um triângulo. Uma das faces seria a ribalta. A ponta fecha o cenário. Um tabuão quase central, um pouco para a direita, sobe do chão, forma uma forca e sustenta uma viga que barra o teto do *côté jardin* ao

---

[28] Com o tempo, a linha da música e a da dança, que se contrariam, inclinaram-se uma em direção à outra, se fundiram. Os bailarinos, que se queixavam da falta de harmonia, mas que se acostumaram com ela, chegaram a queixar-se do excesso de acordes. Eles me pedem para mudar a música de fundo. Para Nova York, eu decidi alternar a *Passacaglia* de Bach e a abertura de *A flauta mágica* de Mozart. Assim, eu provarei como o olho prima sobre o ouvido no teatro e que obras tão diferentes podem desposar uma mesma intriga. Mas, o que está feito está feito e eu imagino que não mudaremos mais. A mala viajou. Os objetos perderam seus ângulos e o sono relaxou suas poses. Eles se acomodam preguiçosamente. (N.A.)

côté cour.[29] Na forca, uma corda está amarrada com um nó corrediço e, na viga, entre essa forca e a parede da esquerda, uma luminária de metal coberta com um jornal velho. Encostada na parede da direita, com reboco sujo salpicado de datas de encontros e de desenhos feitos por mim, uma cama de ferro com cobertor vermelho e lençóis que arrastam pelo chão. Encostado na parede da esquerda, um lavabo do mesmo estilo. No primeiro plano, à esquerda, uma porta. Entre a porta e a ribalta, uma mesa e cadeiras de palha. Outras cadeiras em desordem. Uma delas se encontra sob o laço, perto da porta. Uma vidraça no teto fortemente inclinado descortina o céu da noite parisiense. O conjunto, pela iluminação direta, as sombras projetadas, o esplêndido, o sórdido, o nobre, o ignóbil, causará a impressão do universo de Baudelaire.

Antes de abrir as cortinas, a orquestra começa a tocar *A Passacaglia* de J.-S. Bach, regida por Respighi. A cortina se abre. O jovem pintor está deitado na sua cama, de costas, com um pé levantado ao longo da parede. Sua cabeça e um dos seus braços pendem sobre o cobertor vermelho. Ele fuma. Não usa camisa, nem meias, somente um relógio de pulso, chinelos e um macacão de trabalho, azul marinho com manchas multicores, evocando a roupa do Arlequim.

A primeira fase (pois a imobilidade desempenha, com essa fuga solene, um papel tão ativo quanto a agitação) nos apresenta a angústia desse jovem pintor, seu nervosismo, seu abatimento, seu relógio que ele olha, suas idas e vindas, suas paradas sob a corda que ele amarrou à viga, sua

---

[29] Expressões utilizadas no teatro para indicar o lado esquerdo e o direito do palco. (N.T.)

orelha que hesita entre o tique-taque da hora e o silêncio da escada. Pantomima cujo excesso provoca a dança. (Um dos motivos sendo esse gesto magnífico, circular e aéreo de um homem que consulta seu relógio de pulso).

A porta se abre. Entra uma moça morena, elegante, esportiva, sem chapéu, com um vestidinho amarelo pálido, muito curto (amarelo Gradiva) e luvas pretas. Desde a porta que ela fecha, esperneia seu mau humor na ponta dos pés. O rapaz se lança na direção dela, que o empurra e anda a passos largos através do quarto. Ele a segue. Ela derruba cadeiras. A segunda fase será a dança do pintor e dessa moça que o insulta, o violenta, encolhe os ombros, dá chutes. A cena vai até a dança, isto é, até o desenrolar dos corpos que se agarram e se soltam, de um cigarro que se cospe e se pisa, de uma garota que, com o calcanhar, bate três vezes seguidas em um pobre cara ajoelhado que cai, faz uma pirueta, se revira e se levanta, com a extrema lentidão de uma fumaça pesada, resumindo, descargas descompensadas da cólera.

Isso desloca os nossos heróis até a extremidade esquerda do quarto, de onde o jovem infeliz, com o braço estendido, aponta para a corda. Eis que a senhorita o mima, o leva até uma cadeira, faz com que ele se assente como a cavalo, sobe na cadeira da viga, ajusta o nó corrediço e volta ao rapaz para virar-lhe o rosto na direção da sua forca.

A revolta do rapaz, seu acesso de raiva, sua perseguição à moça que escapa e que ele puxa pelos cabelos, a fuga dessa jovem e a porta que bate terminam a segunda fase.

A terceira fase apresenta o jovem achatado contra a porta. Sua dança vem do seu paroxismo. Uma depois da outra, ele roda no ar as cadeiras, com muito esforço e as quebra lançando-as nas paredes. Ele tenta arrastar a mesa para a forca, tropeça, cai, se levanta, vira a mesa com as costas. O sofrimento leva suas mãos ao coração. O sofrimento lhe arranca gritos que vemos sem ouvi-los. O sofrimento dirige em linha reta até o seu suplício. Ele contempla a forca. Eleva-se até ela. Passa o laço em volta do pescoço.

É nesse momento que o Senhor Babilée inventa uma astúcia admirável. Como ele se enforca? Eu me pergunto. Ele *se pendura*. Ele pende. Suas pernas pendem. Seus braços pendem. Seus cabelos pendem. Seus ombros pendem. Esse espetáculo de poesia sombria, acompanhado pela grandiosidade dos metais de Bach, era tão bonito, que a sala aclamou.

A quarta fase começa. A luz muda. O quarto se desfaz, deixa intactos apenas o triângulo do tablado, os móveis, a carcaça da forca, o enforcado e a luminária.

O que resta está em pleno céu noturno, no meio de uma onda de chaminés, de mansardas, letreiros luminosos, calhas, telhados. Ao longe, as letras de *Citroën* se acendem uma após a outra na torre Eiffel.

Pelos telhados, a morte chega. É uma jovem mulher branca, com vestido de baile, empoleirada sobre altos patins. Um capuz vermelho cobre a sua cabecinha de esqueleto. Ela tem longas luvas vermelhas, pulseiras e um colar de diamantes. Atrás dela, a sua cauda de tule penetra no teatro.

A sua mão direita aponta para o vazio. Ela segue em direção à ribalta. Vira, atravessa o palco, faz uma pausa na extrema direita e estala os dedos. Lentamente, o rapaz tira a cabeça do laço, desliza pelo chão na linha da viga. A morte tira a máscara de esqueleto e o capuz. É a moça de amarelo. Ela coloca a máscara no rapaz imóvel. Ele gira em volta dela, dá alguns passos e para. Então, a morte estende as mãos. Esse gesto parece empurrar o jovem com a caveira. O cortejo dos dois bailarinos segue sobre os telhados.

A companhia de dança tinha acabado de voltar da Suíça, antes de ontem. Foi preciso, de manhã até a noite, ajuntar as peças esparsas do nosso projeto, sobrepor nossas danças e a orquestra com sessenta e quatro músicos, terminar os vestidos no ateliê da Senhora Karinska, convencer a Senhorita Philippart a andar de tamancos, pregar neles algumas correias, pintar o macacão do Senhor Babilée, montar o cenário do quarto e os telhados, instalar a eletricidade nos letreiros, preparar a iluminação. Resumindo, às sete horas da noite, enquanto os maquinistas desentulhavam o palco, nós nos encontramos diante de uma perspectiva de catástrofe. A coreografia parava no enforcamento do rapaz. Roland Petit não quisera indicar nada para a cena final, sem a minha presença. Os artistas morriam de cansaço. Eu lhes propus que se assentassem para eu indicar os gestos dos personagens. Foi o que fizemos.

Eu voltei ao Palais-Royal. Jantei. Às dez horas eu já estava no teatro, onde a multidão não encontrava mais ingressos, onde os porteiros, sobrecarregados, recusavam a entrada a quem tinha o seu. Henri Sauguet tinha acabado de partir, furioso. Ele se a recusava executar *Les forains*. A sala estava lotada e bem agitada. *Le Jeune Homme et la Mort* era a terceira apresentação da noite. O cenário dos telhados representava uma dificuldade com a qual um espetáculo de balé não está acostumado. Os maquinistas perdiam a cabeça. O público ficava impaciente, batia os pés, vaiava.

Enquanto os maquinistas continuavam a manobra, Boris ordenou que se apagassem as luzes. A orquestra começou. Desde os primeiros acordes de Bach, tivemos a sensação de que uma calma extraordinária se espalhava. A sombra dos bastidores, cheios de corre-corre, de gritos de ordem, de camareiras febris (pois é preciso vestir a morte em um minuto) era menos pavoroso do que se podia temer. De repente, eu vi Boris desesperado. Ele cochichou em meu ouvido: "Não há música suficiente". Era o risco que corríamos. Gritamos aos artistas para apressarem o ritmo. Eles não nos ouviam mais.

Por milagre, Boris se tinha enganado, a música era suficientemente longa e nossos intérpretes deixaram o palco com os últimos acordes.

Eu lhes havia recomendado a não voltar ao palco depois dos aplausos e prosseguir na sua corrida de sonâmbulos.

Eles só desceram dos praticáveis no terceiro abrir de cortinas. E foi no quarto que compreendemos que a sala saía de uma hipnose. Eu me vi no palco, levado pelos bailarinos, diante daquela sala despertada bruscamente e que nos despertava com o seu tumulto.

Insisto bem sobre o fato de que se eu conto esse sucesso é porque não se trata de uma satisfação pessoal, mas de uma figura que todo poeta, jovem ou velho, bonito ou feio, se esforça para construir lindamente no lugar da sua.

Acrescentarei que um minuto de contato entre uma sala e uma obra suprime momentaneamente o espaço que nos separa do outro. Esse fenômeno, que agrupa as eletricidades mais contraditórias na extremidade de alguma ponta, nos permite viver em um mundo onde o cerimonial da polidez já chega para nos dar a troca da nojenta solidão do ser humano.

Além disso, um *balé* possui o privilégio de falar todas as línguas e de suprimir a barreira entre nós e aqueles que falam aquelas línguas que nós não falamos.

Nesta noite, levam-me da minha casa de campo até esses bastidores, onde supervisionarei a segunda apresentação. Proponho-me a relatar, na volta, se o contato se interrompe ou continua.

Chego do Teatro des Champs-Elysées. Nosso balé teve a mesma recepção. Nossos bailarinos tinham, talvez, menos ímpeto, mas executavam suas danças com maior precisão. Aliás, a beleza do espetáculo salta da ribalta, aconteça o que acontecer, e a atmosfera tem a minha cara, a cara de uma fábula minha, dos meus mitos, é uma paráfrase involuntária de *O sangue de um poeta*.

Só que, invisível, essa atmosfera tornou-se visível. É o que acontece com *A Bela e a Fera*. Eu estou, provavelmente, menos desajeitado no manuseio da minha arma, menos afoito no disparo. Entretanto, coleto o que não conseguia coletar antes, com obras mais dignas de emoção. Suponho que essas obras ajam em silêncio e tornem o público mais apto a compreender, sem que ele saiba, o que delas exala.

Foi assim que muitas pessoas acreditaram que eu havia alterado algumas passagens de *Les parrents terribles*, em 1946, mas a peça é a mesma de 1939. Essas pessoas mudaram, mas transferem sua mudança para um remanejo do texto.

Nesta noite, a orquestra estava adiantada e caía, então, sobre outros gestos. O sincronismo funcionou impecavelmente. O quarto se desfaz com atraso, deixando o Senhor Babilée pendurado na sua viga. Isso produziu uma beleza nova. A entrada da morte tornou-se ainda mais surpreendente.

Le Jeune Homme et la Mort é um balé? Não. É um mimodrama em que a pantomima exagera seu estilo até chegar à dança. É uma peça muda em que eu me esforço para transmitir aos gestos o relevo das palavras e dos gritos. É a fala traduzida em linguagem corporal. São monólogos e diálogos que utilizam os mesmos vocábulos que a pintura, a escultura e a música.

Quando pararei, a respeito dessa obra ou de outra, de ler o elogio da minha lucidez? O que imaginam os nossos críticos? Eu tenho a cabeça confusa e o instinto vivo. Eis a minha fábrica. Nela se trabalha à noite, com todas as luzes apagadas. Tateando eu me viro como posso. Que eles vejam a obsessão pelo trabalho, o assombramento, isto é *por um trabalho que não se preocupa nem mais um segundo com o que ele produz*, como lucidez, como um olho que nada deixa escapar no controle dessa fábrica, prova que há um erro básico, uma separação muito grave entre a crítica e o poeta.

Pois, desse olho de mestre nascerá apenas a secura. De onde viria o drama? O sonho? Essa sombra que eles chamam de magia?

Não há nem magia nem olho de mestre. Somente muito amor e muito trabalho. Sobre esse ponto da alma, eles hesitam, tão acostumados, por um lado, com o metrônomo de Voltaire, e por outro, com a vara de aveleira de Rousseau. Talvez, o obscuro equilíbrio entre esses extremos seja a conquista do espírito moderno e seja necessário que os críticos explorem sua zona, visitem sua mina, admitam o desconhecido.

Da responsabilidade

Eis a estranha sensação de impasse que começa a pegar-me pelos quatro pontos cardeais do organismo e a se atar bem no centro. É o calor súbito, ou o temporal, ou a solidão, ou as datas da minha peça que se organizam mal, ou a perspectiva de ficar sem domicílio, ou simplesmente que este livro não quer ir além? Eu conheço essas crises de vaga angústia por já ter sido várias vezes vítima delas. Nada é mais difícil do que lhe dar um contorno que nos permita olhá-las de frente. Desde o primeiro minuto em que esse mal-estar aparece, ele nos domina. Ele nos impede de ler, de escrever, de dormir, de passear, de viver. Cerca-nos de ameaças confusas. Tudo o que se abria, se fecha. Tudo o que nos ajudava, nos abandona. Tudo o que nos sorria, lança-nos um olhar gélido. Não ousaríamos empreender nada. As empreitadas que nos propõem murcham, se embaralham, capotam umas sobre as outras. A cada vez eu me deixo pegar por essas investidas do destino que nos atrai somente para nos virar as costas com mais gosto. A cada vez eu me repito que cheguei à zona da calma, que paguei bastante caro pelo direito de descer uma leve inclinação, de não mais escorregar violentamente na noite.

Mal me embalo nessa ilusão, meu corpo me chama à ordem. Ele acende uma das luzes vermelhas que significam *Atenção*. Sofrimentos que eu acreditava longe voltam com a cólera daqueles que esboçam uma falsa partida e se zangam ainda mais por se terem passado por ridículos. Minhas pálpebras, minhas têmporas, meu pescoço, meu peito, meus ombros, meus braços, minhas falanges me devoram. A farsa de Morzine recomeça. Estou melhor e o mal recupera suas forças. Até parece que ele quer atacar as mucosas, as gengivas, a garganta, o palato. Isso passa da máquina à essência da máquina e a corrompe. Placas de nervosismo, aftas de tristeza, febres de desespero nos enchem de leves sintomas muito desagradáveis. Eles aumentam rapidamente até um tipo de náusea que atribuímos à influência do exterior. É provável que o nosso estado dê ao mundo a sua cor e nos faça acreditar que somos nós que lhe devemos a nossa. Essa mutreta só faz lambuzar ainda mais o exterior e o interior. A vida nos parece insolúvel, vasta demais, pequena demais, longa demais, curta demais. Outrora, eu aliviava a frequência dessas crises com o ópio, remédio eufórico. Renunciei a ele, já faz dez anos, por causa de uma honestidade que talvez não passe de uma tolice. Eu não queria mais ter fontes além das minhas, o que não faz muito sentido, já que o nosso eu é feito do nosso alimento. Resumindo, resta-me apenas sofrer essas crises e esperar o seu desfecho.

 A que me habita desde ontem se anunciou faz quinze dias por uma recrudescência dos meus males. Quero acreditar que a isso se junta o fator de um clima abafado, propício aos temporais. Há cinco minutos, venta e chove. Eu me lembro de um parágrafo da *História* de Michelet em que ele se felicita por ser insensível às rajadas de vento que batem à sua janela. Ao contrário, ele encontra nisso um reconforto e constata o ritmo da natureza. Essas rajadas lhe prometem um tempo bom. Que tempo bom? Eu me pergunto. Eu gostaria de ser o meu próprio afinador e esticar, ao meu gosto, os nervos que o calor ou o frio desafinam. O que digo? A menor umidade moral, a menor temperatura do espírito.

É preciso invejar os grandes ogros à maneira de Goethe ou de Victor Hugo, cujo egoísmo se passa por heroísmo e que se fazem admirar por frases monstruosas como: "Para além dos túmulos, avante!". É assim que Goethe recebe o anúncio da morte do seu filho. Invejá-los ou não, de que adianta? Os jogos já estão feitos. E eu não me glorifico, nem os glorifico, por ser feito de uma massa ou de outra.

Mas eu constato que é a maneira como sou organizado que faz de mim um ambulante. O lugar que eu desejava e onde me escondo torna-se rapidamente uma armadilha para mim. Evado-me e tudo recomeça. Basta eu encontrar o lugar para um retiro que tudo se torna um obstáculo e me impede de assinar o contrato.

Nada é sólido como o ritmo que nos leva e que supomos controlar. O impulso nos engana. O fracasso se camufla. Ele nunca se apresenta da mesma forma. Não adianta esperá-lo, nós não vamos reconhecê-lo.

O livro que estou escrevendo já terminou sua curva? Eu que me vanglorio, nos seus capítulos, de nunca me preocupar com isso e de ser avisado apenas por um choque, pela primeira vez eu me interrogo. Eu poderia falar, continuar falando com você e manter este diário, que não o é de fato, à maneira de um diário, segundo o que me ocorre? Seria forçar o seu mecanismo. Não seria escrever o livro que me vem, mas outro que eu forço. Eu cedo às trapaças das plataformas das estações de trem, onde corremos ao lado dos vagões, onde pulamos o estribo, onde nos esforçamos para retardar a ruptura do fio que enrola nosso coração ao coração daqueles que partem. Eu me encontro dilacerado entre o gosto do hábito e a fatalidade que me obriga a romper. Eu nos conseguia imaginar tão bem, juventude igual à minha juventude, em pé na esquina de uma rua, assentados em uma praça, de bruços em uma cama, o cotovelo em cima de uma mesa, conversando juntos. E eu deixo você. Sem deixá-lo, é evidente, pois me misturei suficientemente à minha tinta para que o pulso nela bata. Você não o sente sob o seu polegar que segura a borda das páginas? Isso me surpreenderia, pois ele salta até a minha pena e faz a barulheira inimitável, selvagem, noturna, complexa até não poder mais, do meu coração, gravada em O sangue de um poeta. "O poeta está morto. Viva o poeta." Eis o que grita a sua tinta. Eis o que seus tambores fúnebres anunciam. Eis o que acende os candelabros do luto. Eis o que sacode o bolso onde você coloca o meu livro e o que faz as pessoas que passam por você se virarem e se perguntarem que barulho é esse.

 Eis toda a diferença entre um livro que é apenas um livro e este livro que é uma pessoa transformada em livro. Transformada em livro e gritando por ajuda, para que alguém quebre o encanto e ela se reencarne na pessoa do leitor. Esse é o passe de mágica que eu lhe peço. Entenda-me bem. Não é tão difícil como parece à primeira vista.

Você tira este livro do bolso. Lê. E se você o conseguir ler sem que nada mais possa distraí-lo da minha escrita, pouco a pouco sentirá que eu habito o seu ser e você me ressuscitará. Correrá até mesmo o risco de fazer, inesperadamente, um dos meus gestos, um dos meus olhares. Naturalmente, eu falo aos jovens de uma época em que eu não estarei mais aqui em carne e osso e meu sangue estará ligado à minha tinta.

Nós estamos de acordo. Não se esqueça de que é importante que minhas pernas, tornadas caracteres de gráfica, reencontrem em você as suas volutas e as desanelem, enroscando momentaneamente a minha linha à sua, a prova é que se produz uma troca dos nossos calores.

Se você seguir minhas instruções à risca, produzir-se-á o fenômeno da osmose, graças ao qual essa caixa meio repugnante que é um livro deixa de sê-lo em benefício de um pacto de ajuda mútua em que o vivo ajuda o morto e o morto ajuda o vivo. Você me dará tanto quanto eu lhe dou. Não falemos mais disso.

Nesta noite em que eu me dirijo aos filhos dos filhos dos nossos filhos, eu padeço de um sofrimento bastante cruel. Entre o dedo médio e o anular da minha mão direita, a pele se descama. Debaixo dos meus braços há tufos de urtiga. Eu me obrigo a escrever, pois o ócio aumenta dez vezes o meu suplício. E é por isso que eu me transporto para uma época na qual será a vez das minhas páginas sentirem dor. O que lhes acontecerá, talvez. Pois uma tinta tão persuasiva como a minha não deve permanecer tranquila.

Ah! Como eu gostaria de estar bem, criar muitas peças, filmes, poemas. Tornar o músculo do meu papel tão firme que a dor não possa lhe enfiar os dentes.

E eu me queixava! De que? Da gripe. Da nevrite. Da tifoide. De um leal duelo com a morte. Eu ignorava essa peste sorrateira que nos destrói tanto quanto o homem destrói a terra, laboriosamente. Essa ameaça constante de greve da minha fábrica. Essas peças que quebram e que não se compram em lugar nenhum. Eu ignorava a idade e ponto final.

Jean Genet, que será preciso considerar, um dia, como um moralista, por mais paradoxal que isso pareça, pois temos o costume de confundir o moralista e o homem que nos quer dar lição de moral, me dizia, há algumas semanas, essas palavras pungentes: "Não basta olhar seus heróis viverem e ter pena deles. Nós devemos assumir os seus pecados e sofrer as consequências".

Quais são os meus verdadeiros heróis? Os sentimentos. As figuras abstratas que deles se alimentam e cujas exigências são extremas. É o que compreendi ao ouvir Genet e ao constatar os estragos causados na sua alma pelos crimes do egípcio Querelle. Ele sabia que era o responsável e recusava toda a desculpa de inocência. Ele estava pronto, não para encarar um processo contra as audácias do seu livro, mas a endossar o processo que uma justiça superior intentaria contra os seus personagens.[30]

De uma só vez, ele me esclarece, com uma grande luz, o processo interminável no qual me encontro envolvido. De uma só vez, ele me explica a razão pela qual eu

---

[30] A fim de situar Jean Genet, na Corte de Justiça (1942), eu disse ao tribunal que eu o considerava como um grande escritor da França. Adivinha-se que os jornais da ocupação debocharam disso. Mas um tribunal parisiense sempre tem medo de cometer, novamente, alguma famosa grosseria, de condenar Baudelaire. Eu salvei Genet. E não retiro nada do meu testemunho. (N.A.)

não sinto por isso nenhuma revolta. Esse processo intentado contra palavras, contra atitudes, contra fantasmas, é justo que seja o autor que o endosse e que compareça entre dois policiais. Inadmissível é a posição de um autor que julga, que tem um assento em seu próprio tribunal e que se inclina com compaixão na direção dos culpados. Um homem está de um lado da barra ou do outro lado. Essa é a base do nosso engajamento.

Se eu não fosse da raça que acusam e que se defende desajeitadamente, que vergonha eu teria sentido diante de Genet quando ele me confiou o segredo do seu tormento. Aliás, teria ele confiado em mim se não me tivesse reconhecido, há muito tempo e à primeira vista, por esses sinais que permitem aos fora da lei se reconhecerem? Eu havia visto Genet recusar ser apresentado a um célebre escritor cuja imoralidade *lhe parecia suspeita*.

É indispensável que eu avise abertamente que eu represento as minhas ideias, por mais contraditórias que elas sejam, e que o tribunal dos homens só pode responsabilizar a mim. Elas têm, eu repito, figura de personagens. Elas agem. Eu sou o único responsável por seus atos. Seria indigno que eu diga, como Goethe, depois dos suicídios provocados por *Werther*: "Isso não tem a ver comigo".

Então, é normal que eu endosse os erros judiciais, que ideias fáceis de deformar e sem álibi sempre provocarão.[31]

---

[31] Ocorre que, neste mundo, a reparação judicial pública existe. Condenados por incesto em 1939, pelo Conselho municipal e em 1941 pela Milícia, a mãe e o filho de *Les parents terribles*, perfeitamente puros e infantis, se viram absolvidos por unanimidade em recurso, no ano de 1946. (N.A.)

Eu não ignoro os riscos terríveis que um advogado espiritual, uma testemunha e a distância que separa os jurados de um poeta fazem correr a minha obra, na minha pessoa. Eu os desculpo pelo veredito, por mais louco que ele seja. Seria simples demais circular impunemente à margem das leis em um mundo regido por elas.[32]

5 de julho de 1946.

---

[32] Eu sei muito bem o que dirão deste livro. O autor nos exaspera com a sua pessoa. E quem faz outra coisa? A começar pelos críticos, os quais não julgam mais objetivamente, mas em relação a si mesmos. Fenômeno de uma época que reúne seus esforços contra o indivíduo, que, assim, se individualizará ainda mais por este espírito de contradição em que vive o mundo e, particularmente, a França. (N.A.)

Posfácio

Aí estás, curado, intrépido. Intrépido e estúpido, sacudido na desordem que detestas, sempre fugindo de alguma coisa, na estrada em direção a alguma coisa, teu trenó cercado de neve e de lobos.

Aí estás, curado e sozinho, no inverno, de volta a esta casa grande e vazia, onde escrevias este livro, cercado de uma família. Escrevias este livro, cujas primeiras provas tu corriges e das quais não compreendes mais quase nada.

Intrépido e estúpido, cheio de tarefas que te levam a outras, tentando alcançar um objetivo que enfeitas como uma árvore de natal.

Tu tens direito ao Natal e a uma casa calma? Tu tens o direito de escrever essas obras de calma que julgam os homens e os condenam à morte?

Na outra noite, durante uma conversa à mesa, soubestes a tua idade. Tu nem a sabias, pois não sabes calcular e não estabelecias a mínima relação entre a data do teu nascimento e o ano em que estamos. Alguma coisa em ti ficou estupefata com isso. Essa alguma coisa comunicou-se perniciosamente com o organismo, fazendo com que tu te disseste: "Eu estou velho". Tu preferirias, provavelmente, te ouvires dizer: "Tu és jovem", e acreditar no que te dizem os aduladores.

Intrépido e estúpido, era preciso que tomasses um partido. Isso limita a dificuldade de ser, já que, para aqueles que abraçam uma causa, o que não é essa causa não existe.

Mas todas as causas te solicitam. Tu não quiseste privar-te de nenhuma. Preferiste deslizar entre todas e fazer passar o trenó.

Pois bem, vira-te, intrépido! Intrépido e estúpido, avança. Arrisca-te a ser até o fim.

Nota

Escrita depois de "L'aigle à deux têtes"

Eu havia decidido (alguma coisa em mim, para ser exato, havia decidido) empreender uma obra em que a psicologia estaria, de alguma forma, ausente. A psicologia propriamente dita cederia o lugar a uma psicologia heroica ou heráldica. Para ser claro, a psicologia dos nossos heróis não teria mais relações com a psicologia verdadeira do que aquelas apresentadas pelos unicórnios e os leões das tapeçarias com os verdadeiros animais. O comportamento deles (riso do leão, unicórnios que seguram auriflamas) pertenceria ao teatro como esses animais fabulosos pertencem aos escudos. Em suma, uma obra como essa deveria ser invisível, ilegível para os psicólogos. Para torná-lo visível, eu precisava de cenários, figurinos, Edwige Feuillère e Jean Marais. São a cor e o cheiro das flores. Isso era preciso para que os órgãos vegetais da obra funcionassem e os veículos, como considero os espectadores, transportassem meus polens.

Aos meus olhos, a arte vale somente se ela for a projeção de uma moral. O resto é decorativo. É justo que se entenda por decorações obras que não são essa projeção, em uma época em que o que é decorativo encanta os olhares e as orelhas.

Rimbaud extraiu até a última gota do tema da maldição legível. A maldição (que deveria se chamar solidão, higiene) deve, então, perder os atributos que permitiam reconhecê-la à primeira vista, e, por meios novos, dar ao artista a má postura que ela exige.

O sucesso e o insucesso podem ser úteis à nossa solidão da mesma maneira. É a época em que estamos que decide e nos força instintivamente a nos preservar do respeito, seja pelo fracasso aparente ou por um aparente sucesso.

Desde que os capítulos deste livro foram escritos e impressos, o teatro apresentou *L'aigle à deux têtes*. Eu não estava enganado na introdução, escrita ao mesmo tempo que a peça. Eu levava uma política semelhante à de *A Bela e a Fera*. Política análoga à de uma era em que as políticas e as guerras não intervinham, em que nossas disputas de almas eram a única política válida. (Os surrealistas e eu, por exemplo.)

O sucesso da peça (obtido pelas cores e pelos perfumes que a obra ignora e que atraem o público) se opõe ao tribunal de uma crítica preocupada unicamente com arte e presa aos hábitos.

É preciso compreender bem que a arte, eu repito, não existe como arte, destacada, livre, desembaraçada do criador, mas que ela existe somente se projetar um grito, um riso ou uma queixa. É o que faz com que certas telas de museus me façam um sinal e vivam com angústia, enquanto outras estão mortas e expõem apenas os cadáveres embalsamados do Egito.

Nota do editor francês

Pouco tempo antes de nos deixar, Jean Cocteau nos confiou um exemplar de *A dificuldade de ser* corrigido em mais de um ponto. Nós seguimos fielmente essa última versão e a presente edição traz o texto *ne varietur*.

Este livro foi composto com tipografia Bembo Std e impresso
em papel Off-White 70 g/m² na Formato Artes Gráficas.